Palabras clave para organizar textos en español

Recursos pragmáticos y discursivos

Eladio Duque, Carmen Martín de León
y Cristina García Hermoso

Spanish List Advisor: Javier Muñoz-Basols

Routledge
Taylor & Francis Group

LONDON AND NEW YORK

First published 2019
by Routledge
2 Park Square, Milton Park, Abingdon, Oxon OX14 4RN

and by Routledge
52 Vanderbilt Avenue, New York, NY 10017

Routledge is an imprint of the Taylor & Francis Group, an informa business

British Library Cataloguing-in-Publication Data
A catalogue record for this book is available from the British Library

Library of Congress Cataloging-in-Publication Data
Names: Duque, Eladio, author. | Martín de León, Carmen, author. | García
    Hermoso, Cristina, author.
Title: Palabras clave para organizar textos en español : recursos
    pragmáticos y discursivos / Eladio Duque, Carmen Martín de León y
    Cristina García Hermoso.
Description: New York : Routledge, 2019.
Identifiers: LCCN 2018049873 | ISBN 9781138592025 (hardback : alk. paper) |
    ISBN 9781138592049 (pbk. : alk. paper) | ISBN 9780429490194 (ebook)
Subjects: LCSH: Spanish language—Composition and exercises. |
    Spanish language—Style.
Classification: LCC PC4410 .D87 2019 | DDC 808/.0461—dc23
LC record available at https://lccn.loc.gov/2018049873

ISBN: 978-1-138-59202-5 (hbk)
ISBN: 978-1-138-59204-9 (pbk)
ISBN: 978-0-429-49019-4 (ebk)

Typeset in Goudy
by Apex CoVantage, LLC

Visit the eResources: www.routledge.com/9781138592049

Palabras clave para organizar textos en español

Palabras clave para organizar textos en español: recursos pragmáticos y discursivos está dirigido a estudiantes de español como lengua extranjera –de nivel B2/C1 (MCER) o *Intermediate High/Advanced Low* (ACTFL)– que deseen mejorar la coherencia de sus textos hablados y escritos.

En este libro el lector encontrará explicaciones teóricas acompañadas de numerosas actividades en las que pondrá en práctica una gran variedad de estructuras, estrategias y herramientas útiles para conectar frases y párrafos de manera eficaz.

Palabras clave para organizar textos en español se fundamenta en el uso de la lengua en contextos de comunicación real. El libro puede utilizarse de manera independiente o como material de clase, ya que, además de las actividades con las que el aprendiz puede autoevaluar su progreso, también incluye actividades abiertas y juegos para trabajar en grupo.

Eladio Duque es doctor en Comunicación, con premio extraordinario de doctorado, y profesor en el Departamento de Lengua Española de la Universidad Complutense de Madrid. Actualmente es profesor y coordinador académico del Máster en Enseñanza del Español como Lengua Extranjera de la Universidad Internacional Menéndez Pelayo y del Instituto Cervantes. Sus trabajos de investigación se concentran en el estudio de la organización textual. Es autor, entre otros trabajos, de *Las relaciones de discurso* (Arco Libros, 2016).

Carmen Martín de León estudió Filosofía en la Universidad Complutense de Madrid, y obtuvo un máster con la tesina: *Sobre la posibilidad de un marco de racionalidad común*. Como escritora ha publicado una colección de libros llamada *El Mundo de Custodio* (Verbum Ed, 2017). Además, ha publicado materiales didácticos para educación primaria y secundaria, y algunos artículos de filosofía y de educación. En la actualidad trabaja como profesora de español en el Departamento de Lenguas Modernas y Lingüística de la Universidad de Southampton.

Cristina García Hermoso es licenciada en Filología Inglesa por la Universidad Complutense de Madrid. Es profesora de español y de traducción e interpretación en el Departamento de Lenguas Modernas y Lingüística de la Universidad de Southampton donde, además, es supervisora de tesis de estudiantes del Máster de Lingüística Aplicada. Asimismo, colabora como examinadora externa con las Escuelas de Negocios de la Universidad Metropolitana de Cardiff en Gales y de la Universidad de Edimburgo Napier en Escocia.

Índice

Introducción

Palabras clave para organizar textos en español: recursos pragmáticos y discursivos es un libro centrado en el desarrollo de la competencia textual que está dirigido a estudiantes de español de nivel avanzado (B2-C1 del MCER o *intermediate high-advanced low* de la ACTFL). El objetivo primordial del libro es que los estudiantes sean capaces de comunicarse de manera coherente y cohesionada, haciendo uso de herramientas y estrategias para conectar y organizar sus propias ideas.

La principal novedad de este libro consiste en que consigue reunir en un único material muchos contenidos pragmáticos y discursivos que normalmente aparecen dispersos en otros manuales, lo que lo convierte en un recurso muy práctico para cualquier estudiante que esté interesado en mejorar la coherencia y estructura de sus producciones orales o escritas.

Palabras clave para organizar textos en español puede utilizarse como un recurso complementario en cursos generales de español como lengua extranjera, o como material de apoyo en cursos universitarios enfocados en el desarrollo de la competencia discursiva. El libro combina breves explicaciones teóricas con una gran variedad de actividades de práctica contextualizada de la lengua. Estas actividades están pensadas para el trabajo individual y autónomo del alumno, si bien todos los capítulos también incluyen juegos o dinámicas de grupo para su explotación en el aula.

El libro se estructura en diez capítulos en los que se presentan las palabras clave para organizar y conectar ideas de diferentes maneras: añadiendo información, creando clasificaciones, comparando, argumentando, contraargumentando, interrumpiendo, explicando, rectificando... Al final del libro se incluye un glosario alfabético, las transcripciones de los audios y el solucionario.

Agradecimientos

Audios

ALCÁNTARA ROMERO, Cristina
CARABIAS JIMENEZ, Gema
CARRASCOSA CARRABIAS, Laura
SÁNCHEZ SANTANDER, Rafael

Libros

© MARTÍN DE LEÓN, Carmen y SÁNCHEZ ELSNER, Tilman. Editorial
    Verbum, S.L., 2015
© MARTÍN DE LEÓN, Carmen y SÁNCHEZ ELSNER, Tilman. Editorial
    Verbum, S.L., 2016
© MARTÍN DE LEÓN, Carmen y SÁNCHEZ ELSNER, Tilman. Editorial
    Verbum, S.L., 2016

Imágenes

SÁNCHEZ ELSNER, Tilman
Pixabay

Artículos de periódico

© ALEX GRIJELMO/ EDICIONES EL PAÍS, S.L. 2014. Todos los derechos
    reservados.

Ese problema lo soluciono yo. Etiquetas de discurso: *el problema, este hecho, su punto de vista...*

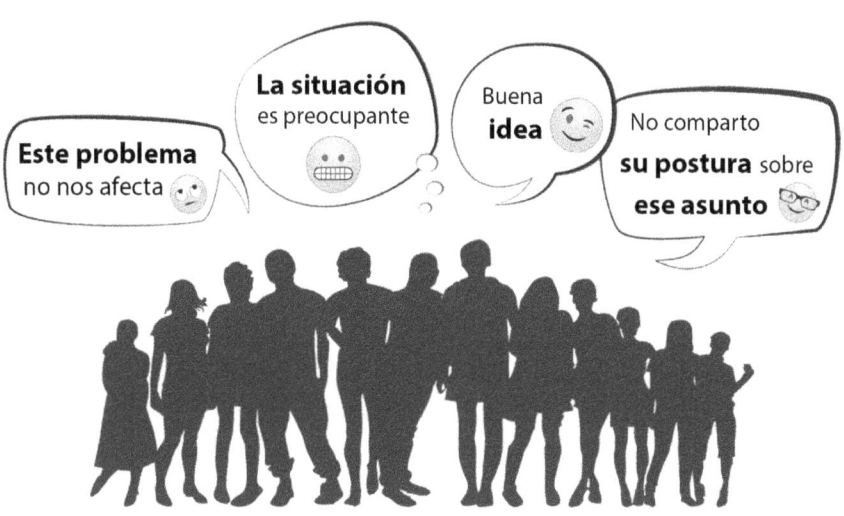

¿Sobre qué hablan estas personas? ¿Cuál es **el problema**, **la situación**, **la idea**, **la postura** o **el asunto** al que se refieren? Las etiquetas de discurso son palabras como las anteriores, que adquieren su significado concreto a partir del texto que las rodea. Cuando se encuentran en oraciones aisladas, apenas significan nada.

Tomemos el primer ejemplo: "Este **problema** no nos afecta". ¿De qué **problema** se trata?, ¿el tráfico en las grandes ciudades?, ¿los políticos populistas?, ¿la corrupción?, ¿el narcotráfico? o ¿el precio de la matrícula de la universidad? La palabra clave **problema** puede referirse a todos esos temas y a muchísimos más. Por eso es tan útil conocerla y utilizarla. Para descubrir a qué problema concreto se refiere en cada caso, tenemos que buscar en su contexto.

Como vemos en la imagen de la página siguiente, las etiquetas resumen y dan un nombre a la idea de las oraciones previas. Así, en el ejemplo de la imagen, "etiquetamos" el tráfico en Bogotá como un problema. Normalmente, las etiquetas se forman con un demostrativo (**ese** problema o **este** asunto), pero también son posibles otras opciones (**la** situación o **su** postura).

1 **Busca las etiquetas ocultas.** En la próxima página, tras la imagen, hay un texto sobre "La Movida". En cada uno de sus párrafos hay una etiqueta oculta. Encuentra las tres etiquetas y señala el fragmento textual al que hacen referencia. Después del texto te damos unas pistas con las definiciones de las tres etiquetas.

Bogotá, la capital de Colombia, es la quinta ciudad del mundo con el tráfico más congestionado. Sus ocho millones de habitantes pierden más de 80 horas al año en atascos en la carretera.

Afortunadamente, *este problema* no nos afecta a nosotros, porque vivimos y trabajamos en las afueras, donde el tráfico no es tan intenso.

LA MOVIDA

Tras la muerte del dictador Francisco Franco, en España se produjo una revolución juvenil, artística y social que rechazó las prohibiciones y el tradicional estilo de vida de la etapa anterior. Este movimiento fue denominado «La Movida» y fue especialmente impetuoso en la ciudad de Madrid.

La Movida surgió alrededor de bandas musicales urbanas que se inspiraban en los grupos Punk y *New Wave*, que eran los que en aquellos tiempos triunfaban en las principales metrópolis anglosajonas. En 1981, se celebró en la Universidad de Madrid un festival de música donde coincidieron muchas de esas nuevas bandas que cantaban en español: Alaska y los Pegamoides, Rubi y los Casinos, Los Secretos o Nacha Pop. Se suele decir que este acontecimiento marcó el nacimiento "oficial" de La Movida.

La música no fue el único medio de expresión de La Movida. La Movida también se manifestó en revistas y tebeos como *Madriz*; en programas de televisión como *La Bola de Cristal*; o en películas como las primeras de Pedro Almodóvar. En cambio, no dejó una huella destacada en la literatura o en la filosofía. Por ello, muchos ven La Movida como una juerga nocturna de veinteañeros y una moda superficial. Este punto de vista defiende que La Movida fue un movimiento sin sustancia, promocionado por la prensa y el Gobierno para transformar la imagen franquista de España en la de un país moderno y progresista.

Pistas con las definiciones de las etiquetas ocultas

- Primer párrafo. _____: Tendencia innovadora de tipo social, artística, religiosa o política que se difunde con rapidez.
- Segundo párrafo. _____: Hecho importante.
- Tercer párrafo. _____: Postura o perspectiva que tiene una persona o grupo de personas respecto a algo.

Etiquetas para resumir hechos e ideas

En el texto sobre La Movida, las etiquetas **acontecimiento** y **punto de vista** sirven para resumir fragmentos textuales muy diferentes. Utilizamos **acontecimiento** para referirnos a un hecho: algo que ocurre en la vida real y que, por tanto, podemos ver. **Punto de vista**, en cambio, sirve para referirse a ideas: algo que no podemos ver porque está en la mente de una persona o grupo de personas.

2 **Encuentra y clasifica las etiquetas.** Subraya las etiquetas de los siguientes ejemplos y, luego, ordénalas en la tabla, según sean hechos o ideas.

(a) Mis padres creen que las redes sociales son una pérdida de tiempo. Yo no comparto <u>esa opinión</u> y creo que ellos sí que pierden el tiempo viendo la televisión y leyendo el periódico.

(b) Durante la última semana se han cometido tres nuevos ataques terroristas en la capital del país. En una entrevista al diario *Clarín*, el secretario general de la ONU ha manifestado su preocupación por estos sucesos y ha pedido una intervención internacional inmediata.

(c) El Gobierno chileno ha bajado los impuestos y ha aumentado el gasto público. Sorprendentemente, esas acciones han tenido efectos muy positivos en la economía del país.

(d) Según Platón, la Atlántida fue una gran isla que se hundió en el océano debido a un desastre natural. Desde hace siglos, muchos aventureros han creído esta hipótesis y han buscado, sin descanso, los restos de la civilización perdida de la Atlántida.

(e) Los aztecas pensaban que tenían que ofrecer sangre humana a sus dioses para que el mundo funcionara correctamente. Esta creencia les llevó a celebrar las "guerras floridas", en las que sacrificaban a sus enemigos ante los dioses y se los comían en una fiesta de canibalismo ritual.

(f) Me confesó que creía que Laura le era infiel porque últimamente se comportaba de un modo muy extraño. Yo le dije que su sospecha no tenía ningún fundamento y que la gente se comporta de manera extraña por mil motivos diferentes.

(g) El conocido presentador Marcos Pérez dio una patada a un perro durante la grabación de su programa en directo. El incidente ha revolucionado las redes sociales, especialmente a los activistas en favor de los derechos de los animales, quienes ya han pedido al Canal 4 que cancele el programa y despida al presentador.

Hechos	Ideas
	Opinión

Etiquetas para resumir situaciones, cambios y declaraciones

Además de las etiquetas que resumen hechos e ideas, existen muchas otras clases de etiquetas. A continuación, te presentamos algunas:

- Usamos etiquetas como **situación** para referirnos al estado de algo en un momento determinado:

  Los datos macroeconómicos de la región son muy negativos. **Esta situación** podría generar inestabilidad social y política.

- Usamos etiquetas como **cambio** para referirnos a transformaciones:

  Las nuevas generaciones son cada vez más creativas. **Este cambio** se refleja no solo en el arte, sino también en el mundo laboral, e incluso en las relaciones personales.

- Usamos etiquetas como **declaraciones** para referirnos a lo que ha dicho otra persona:

  La alcaldesa ha anunciado que la ciudad de Madrid presentará su candidatura para celebrar las olimpiadas de 2032. **Sus declaraciones** no gustaron a los ciudadanos, que piensan que la organización de unos juegos olímpicos es un gasto innecesario.

3 **Encuentra al intruso.** Busca la etiqueta que no encaja en su grupo y táchala.

Etiquetas para resumir IDEAS opiniones • incidentes • reflexiones • creencias	Etiquetas para resumir una SITUACIÓN contexto • decisión • circunstancias • escenario • panorama
Etiquetas para resumir CAMBIOS tendencia • aumento • mejoría • descenso • empeoramiento • posibilidad	Etiquetas para resumir DECLARACIONES palabras • testimonios • afirmaciones • planes

4 **Elige la etiqueta que mejor funciona.** Subraya la única etiqueta que puede resumir la oración que la precede.

  (a) El nuevo presidente ha dicho en su primera rueda de prensa que reformará el sistema sanitario del país. **Estas circunstancias/Estas afirmaciones** no han sorprendido a nadie, pues las repitió constantemente durante la campaña electoral.

  (b) La tasa de paro está por las nubes y pocas personas pueden permitirse una vivienda digna. Ante **este panorama/estas palabras,** muchos jóvenes han abandonado el país para buscar mejores oportunidades en el extranjero.

  (c) Los precios están cada vez más altos. Parece que **este aumento/este descenso** está relacionado con la subida del precio del petróleo.

  (d) "La vida es muy peligrosa. No por las personas que hacen el mal, sino por las que se sientan a ver lo que pasa". **Estas reflexiones/Estas tendencias** de Albert Einstein nos deberían animar a actuar contra las injusticias y a no permanecer con los brazos cruzados.

(e) "En un lugar de la Mancha, de cuyo nombre no quiero acordarme..." Con **estas palabras/estas creencias** comienza la obra más conocida de la literatura española.

(f) El árbitro anuló el gol, a pesar de que no fue fuera de juego. Por culpa de **su decisión/su plan**, perdimos el partido.

Etiquetas y conexión textual

¡En las actividades anteriores hemos aprendido más de 30 etiquetas! Probablemente ya conocías muchas de ellas, pero conocerlas no es suficiente. Lo importante es saber cómo emplearlas cuando hablamos o escribimos. En las próximas actividades vamos a aprender a utilizar las etiquetas para conectar dos segmentos textuales y continuar nuestros escritos.

5 **Lanza una flecha.** Relaciona las dos columnas para construir textos coherentes. Recuerda que las etiquetas, que hemos resaltado en negrita, deben referirse a ideas presentadas en la primera columna.

(a) El 26 de abril de 1986, durante una prueba que simulaba un corte de electricidad en la central nuclear de Chernóbil, Ucrania, se produjo un sobrecalentamiento repentino del núcleo del reactor, que no pudo soportar la presión generada por el calor y explotó.	(I) Julián, nuestro guía, nos dijo que **estas opiniones** no eran sinceras y que se basaban en la falta de libertad de expresión, en la represión y en el miedo a que fuéramos espías del Gobierno en busca de opositores.
(b) La mayoría de los cubanos afirmaba que eran muy felices, que tenían todo lo que necesitaban y que la revolución debía continuar.	(II) **Este hecho** genera problemas familiares, porque la convivencia entre adultos de dos generaciones diferentes no siempre es fácil.
(c) En España los jóvenes se independizan a los 30 años, mucho más tarde que en la mayoría de países europeos.	(III) **El accidente** emitió 100 veces más radiación que las bombas de Hiroshima y Nagasaki, y se calcula que deberán transcurrir unos 20.000 años para que la zona pueda habitarse de nuevo.
(d) Siete de cada diez alumnos admite haber copiado, al menos una vez durante sus estudios, algún fragmento de un texto encontrado en Internet.	(IV) **El incidente** ocurrió en el Hotel Hilton de la Habana en el verano de 1963.
(e) Según cuenta el jefe de seguridad de Fidel Castro, un camarero a sueldo de la CIA casi logra asesinar al dictador sirviéndole un zumo envenenado con arsénico.	(V) **El problema** es menos grave cuando se trata de exámenes, ya que menos del 5 % de los estudiantes reconoce haber utilizado una chuleta o haber copiado a otro compañero.
(f) El círculo social del pintor Francisco de Goya estaba compuesto por personas que se oponían al reinado absolutista de Fernando VII. Muchos de sus amigos tuvieron que exiliarse a Francia y el propio pintor sufrió la persecución de la Inquisición, por motivo de su "obsceno" cuadro *La maja desnuda*.	(VI) En **ese contexto político**, a Goya le tuvo que resultar muy difícil aceptar los encargos oficiales de la Corona.

6 ¿De qué se trata? Completa los huecos con las etiquetas que te presentamos a continuación.

ese panorama • esta tendencia • otra posibilidad • la decisión • esta iniciativa

(a) Los vecinos del barrio de Malasaña han organizado una campaña de donaciones de libros de texto y material escolar. Con _____ esperan ayudar a las familias de los alumnos con menos recursos.

(b) El curso pasado se matricularon más alumnos extranjeros que nunca antes en nuestra historia, y este curso hemos vuelto a batir nuestro récord. _____ demuestra que nuestra universidad está mejorando su prestigio internacional.

(c) Lorena ha dejado a Rodrigo. Le costó mucho tomar _____, pero, según nos contó, ya no hay vuelta atrás.

(d) Su partido le ha retirado el apoyo y la opinión pública le odia. Ante _____, lo mejor que podría hacer es dimitir.

(e) Podemos arreglar el coche, pero nos va a costar muy caro y no sé si merece la pena. _____ sería pedir un préstamo para comprar un coche nuevo. ¿Tú qué harías?

7 Descifra el enigma. Fray Luis de León es una de las figuras más importantes de la poesía renacentista. De 1572 a 1576, la Inquisición le encarceló por traducir la Biblia del hebreo al español. Se cuenta que, al volver a dar clase en la Universidad de Salamanca, tras los años de encierro, pronunció una frase lapidaria. Descúbrela completando el siguiente enigma. A cada letra le corresponde un número. Fíjate en que la etiqueta **estas palabras** se utiliza para referirse a la frase oculta.

```
___ ____ __    _____    _____ . . .    C o n    e s t a s
 9  12 26 12   20  8  9  25 13 26 12 11   13 10  8 15     9 12  1    8 11 24 13 11

     p  a  l  a  b  r  a  s    e  m  p  e  z  ó    a    d  a  r    s  u
     7 13  4 13 14 15 13 11    8 26  7  8  6 12    13   20 13 15   11 19

     p  r  i  m  e  r  a    c  l  a  s  e    F  r  a  y    L  u  i  s    d  e
     7 15 25 26  8 15 13    9  4 13 11  8    18 15 13 10   4 19 25 11   20  8

              L  e  ó  n
              4  8 12  1
```

Etiquetas para valorar

Muchas veces podemos elegir entre diferentes etiquetas para resumir un mismo fragmento textual. La elección de una etiqueta u otra puede aportar valoraciones positivas o negativas. Este es el caso de las etiquetas **problema** y **oportunidad** en el ejemplo de la imagen de la página siguiente.

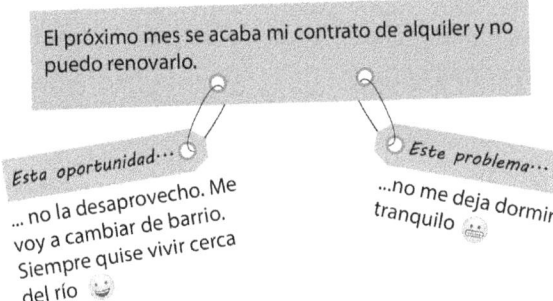

Otra forma de valorar usando etiquetas consiste en añadirles adjetivos positivos o negativos. Fíjate en las continuaciones alternativas del siguiente ejemplo:

Los jóvenes quemaron contenedores de basura para quejarse de la represión policial...

... Estas **intolerables** acciones cuentan con el apoyo del resto de la población.

... Estas **admirables** acciones cuentan con el apoyo del resto de la población.

8 **Y a ti, ¿qué te parece?** Clasifica las siguientes etiquetas según presenten valoraciones positivas o negativas.

falsa creencia • condiciones favorables • panorama desolador • descubrimiento revolucionario • situación desastrosa • acertada decisión • metedura de pata • fracaso estrepitoso • ambiciosa iniciativa • medida controvertida • derrota • buena noticia • despiste • equivocación • éxito arrollador

Valoración positiva	Valoración negativa

9 **Cuéntanoslo con otras palabras.** Relaciona las frases de las dos columnas que te presentamos a continuación. Luego, añade un adjetivo a las etiquetas de la segunda columna para valorar los hechos presentados en la primera. Fíjate en el ejemplo.

(a) Un científico mexicano crea una pila que dura más de 100 años. **(v)** Este descubrimiento *revolucionario* puede que sirva para mejorar los motores de los coches eléctricos.

Hechos	Valoraciones
(a) Un científico mexicano crea una pila que dura más de 100 años. **(b)** El país no levanta cabeza. Las cifras de paro son escandalosas, hay más corrupción que nunca y ni siquiera hay comida en los supermercados. **(c)** A partir del mes de enero se intentarán recoger más de 1000 millones de dólares mediante una campaña de donaciones en los supermercados de todo el país. **(d)** Según Platón, existe un mundo de ideas que son arquetipos de la realidad. **(e)** Rigoberta Menchú ha dedicado su vida a la lucha por los derechos de las mujeres en Guatemala.	**(I)** A la vista de esta situación, la gente ha salido a las calles para protestar. **(II)** Este plan persigue acabar con el hambre infantil en la región. **(III)** Esta teoría fue muy importante para muchos filósofos de la Edad Media. **(IV)** Su trabajo no ha pasado desapercibido y en 1992 recibió el Premio Nobel de la Paz. **(V)** Este descubrimiento puede que sirva para mejorar los motores de los coches eléctricos.

10 ¡Cómo está el patio! (Audio 1) El equipo del programa de radio *Onda Lironda* ha salido a la calle para preguntar a la gente lo que opina acerca de la ley antitabaco aprobada en España en el año 2010. ¿Cómo se sienten al respecto los participantes? ¿Descontentos, indiferentes, satisfechos...? Para responder, fíjate en la entonación y en las etiquetas que han usado.

	Sentimiento	Etiquetas usadas
Participante 1		
Participante 2		
Participante 3		

Etiquetas y estilo

Cuando nuestras oraciones son demasiado largas, las etiquetas pueden ayudarnos a distribuir mejor la información. Fíjate cómo, en el siguiente ejemplo, utilizamos una etiqueta para transformar una oración muy larga y complicada en dos oraciones más breves y sencillas:

Desde 1964, la tasa de natalidad de España desciende año tras año y es, actualmente, una de las más bajas del mundo, por lo que la población española disminuirá drásticamente y el país tendrá que afrontar graves problemas económicos.

Desde 1964, la tasa de natalidad de España desciende año tras año y es, actualmente, una de las más bajas del mundo. Si **esta tendencia** continúa, la población española disminuirá drásticamente y el país tendrá que afrontar graves problemas económicos.

11 **Divide y vencerás.** Utiliza las etiquetas entre paréntesis para dividir los siguientes fragmentos textuales en dos oraciones y hacerlos más fácilmente comprensibles. Fíjate en el ejemplo.

(a) Muchos grupos ecologistas están trabajando muy duro y han conseguido salvar de la extinción a algunas especies animales que estaban destinadas a desaparecer, lo que nos hace pensar que el futuro de nuestro planeta aún no está perdido y que todavía estamos a tiempo de reaccionar para salvaguardar la diversidad animal y dejar a nuestros hijos un mundo igual o mejor del que nos hemos encontrado. (ESTAS ADMIRABLES ACCIONES).

Muchos grupos ecologistas están trabajando muy duro y han conseguido salvar de la extinción a muchas especies animales que estaban destinadas a desaparecer. Estas admirables acciones nos hacen pensar que el futuro de nuestro planeta aún no está perdido y que todavía estamos a tiempo de reaccionar para salvaguardar la diversidad animal y dejar a nuestros hijos un mundo igual o mejor del que nos hemos encontrado.

(b) La presencia de Internet en nuestra vida cotidiana es cada vez más habitual, de hecho, los españoles pasamos más de cinco horas diarias conectados a la Red y esto está cambiando el modo en el que adquirimos conocimientos, en el que trabajamos y en el que nos relacionamos con los demás. (ESTA TENDENCIA).

(c) Según el Instituto Nacional de Estadística (INE), parece ser que la tasa de natalidad empieza a recuperarse, ya que ha vuelto a crecer en España por primera vez en seis años, algo que puede estar relacionado con la mejora de la economía, tras casi una década de dura crisis económica y financiera. (ESTE CAMBIO).

(d) No te he contado que la semana pasada Roberto rechazó el trabajo de diseñador de ropa infantil para la sede de ZARA en Galicia y nadie le comprende, porque nos había dicho que ese era el trabajo de su vida y que se moriría si no lo conseguía. (SU DECISIÓN).

12 **Cuéntame más.** Utiliza las etiquetas entre paréntesis para ampliar las siguientes oraciones. Puedes añadir la información que tú quieras, aunque no sea cierta. Fíjate en el ejemplo.

(a) El preso diseñó un túnel para escapar de la cárcel. (PLAN).

Julián Gómez, un preso madrileño encarcelado por asesinato, diseñó un túnel de más de un kilómetro para escapar de la cárcel de Carabanchel la noche del 1 de enero. Afortunadamente, la policía descubrió su plan gracias al aviso de su compañero de celda, que no quería que Julián le abandonara.

(b) Le dijo que estudiara un poco más. (CONSEJO).
(c) Puede que no vuelva a ver a Julián. (POSIBILIDAD).

(d) El Gobierno ha empezado a privatizar los servicios públicos para resolver la crisis económica. (SOLUCIÓN).

(e) Estoy seguro de que no trabajaré nunca más con ellos. (DECISIÓN).

Conclusiones

En las actividades anteriores hemos aprendido a utilizar las etiquetas para ampliar nuestros textos, distribuirlos mejor, valorarlos o conectar diferentes fragmentos textuales. En las actividades que te presentamos a continuación, vamos a aplicar lo aprendido para organizar un cuento completo y para jugar con nuestros compañeros.

13 **Cuéntame un cuento.** A continuación, te presentamos el cuento de Caperucita Roja dividido en cinco partes que están desordenadas. Ordénalas y completa los espacios con las etiquetas que te ofrecemos. Te servirán para conectar las diferentes partes del relato.

sus preguntas ● esta amenaza ● esa situación ● esa mentira ● estas advertencias

(a) Afortunadamente, un cazador que andaba por allí oyó los gritos de Caperucita y al encontrarse con _____ espeluznante, sacó su rifle y mató al lobo. Después, le abrió la tripa y sacó a la abuela del vientre del lobo muerto.

(b) Un día, la madre de Caperucita Roja le dijo a su hija: "Caperucita, hija. Llévale esta cesta a tu abuela, que está enferma. Date prisa y no te entretengas por el camino". Caperucita no hizo caso de _____ y se entretuvo en el camino cogiendo flores.

(c) El lobo sorprendió a la niña mientras recogía unas margaritas y le preguntó a dónde iba. La niña le respondió que iba a la casita de lo alto de la montaña, donde vivía su abuela. El lobo, engañando a la niña, le dijo: "Vete por este camino de aquí, que es más corto". Gracias a _____, el lobo pudo llegar primero a la cabaña de la abuela.

(d) Cuando el lobo llegó a casa de la abuela se comió a la anciana de un único bocado. Después, se vistió con sus ropas y se metió en la cama. La niña, al llegar a la casa y escuchar la voz ronca del lobo, pensó que como la abuela estaba enferma, podía ser normal que su voz hubiera cambiado. Sin embargo, al acercarse más a la cama, algo debió parecerle raro, pues preguntó: "Abuelita, abuelita, ¿por qué tienes los ojos tan grandes? ¿Por qué tienes las orejas tan grandes? ¿Y por qué tienes la boca tan...?" Caperucita no había terminado de hacer _____, cuando el lobo saltó de la cama gritando: "¡Para comerte mejor!"

(e) _____ asustó a la niña, que gritó con todas sus fuerzas.

14 Jugamos en parejas. En esta actividad os ofrecemos algunas etiquetas. Escribidlas en 14 trozos de papel, dobladlos y mezcladlos. A continuación, un jugador debe coger un trozo de papel y leérselo a su pareja. Luego, debe construir una oración que encaje con la etiqueta que le ha tocado, y su pareja debe continuar la oración utilizando la etiqueta del papel. Fíjate en el ejemplo de la imagen.

problema • plan • injusticia • derrota • panorama desolador • decisión
   • tendencia • accidente • consejo • mentira • instrucciones • despiste
   • equivocación • malentendido

15 Antes de terminar. Ve al glosario y comprueba que conoces las palabras clave de este capítulo.

Trabajaremos juntos y el trabajo merecerá la pena. Nominalizaciones: *trabajar → trabajo, crecer → crecimiento, colaborar → colaboración*

Una manera sencilla de crear etiquetas consiste en *transformar* el verbo de la oración anterior en un nombre. Esta *trasformación* nos permite conectar las ideas de las dos oraciones, tal y como acabamos de hacer nosotros ahora mismo (transformar → **transformación**) o como hacen las personas de la imagen (lucharé → **lucha**, colaborar → **colaboración**). La creación de nombres a partir de verbos se denomina "nominalización".

1 **Busca las etiquetas ocultas.** En el siguiente texto hay tres nominalizaciones que funcionan como etiquetas. Encuéntralas y señala los verbos que las han originado.

MANUEL PATARROYO

El investigador colombiano Manuel Patarroyo descubrió la primera vacuna contra la malaria en 1987. El descubrimiento le habría hecho millonario, pero donó la patente a la Organización Mundial de la Salud. Gracias a esta generosa donación, millones de personas del tercer mundo se han podido beneficiar desde entonces de su vacuna.

> La aportación a la humanidad del Dr. Patarroyo no ha pasado desapercibida y, entre otras distinciones, en abril de 2016 fue condecorado como doctor *honoris causa* por la Universidad Ricardo Palma de Perú. La condecoración estuvo rodeada de polémica, ya que, durante la celebración, un grupo de defensores de la biodiversidad le acusó de utilizar en sus experimentos a más de 4000 monos de cola verde, que supuestamente el equipo del investigador devolvió a la selva con el sistema inmunológico dañado.

2   **Su media naranja.** Muchas de las etiquetas que utilizamos en el capítulo anterior son nombres derivados de un verbo; por ejemplo, **solución** ← solucionar o **respuesta** ← responder. Encuentra las siete etiquetas de la siguiente lista que están formadas a partir de un verbo.

   éxito • decisión • circunstancias • panorama • opinión • incidente • postura • mejoría • creencia • explicación • punto de vista • derrota • enfrentamiento

   (a) *decisión* ← *decidir*
   (b) _____
   (c) _____
   (d) _____
   (e) _____
   (f) _____
   (g) _____

Terminaciones útiles: -ción, -miento, -encia...

Algunas terminaciones como **-miento** (crecer → crecimiento), **-encia** (sugerir → sugerencia) o **-ción** (recuperar → recuperación) son muy útiles para transformar verbos en nombres que pueden funcionar como etiquetas. En las siguientes actividades vamos a aprender cómo utilizar estos y otros sufijos para nominalizar verbos.

3   **Clasifica.** Los siguientes verbos utilizan tres terminaciones diferentes para transformarse en nombres. Ordénalos en la tabla.

   recuperar • existir • sentir • cooperar • advertir • exigir • sugerir • sufrir • pedir • crecer • investigar • entrenar

–ción	–encia	–miento
recuperar → recuperación	*existir → existencia*	*sentir → sentimiento*

Otras terminaciones útiles

Las terminaciones que has visto en la actividad anterior (-miento, -encia y -ción) no son las únicas que sirven para crear nombres a partir de verbos. Otras terminaciones útiles son **-a** (ayudar → ayuda), **-o** (pagar → pago), **-e** (combatir → combate), **-sión** (reprimir → represión), **-ada** (llegar → llegada) o **-eda** (buscar → búsqueda).

4 **Busca el intruso.** Transforma en nombres los verbos de cada lista y descubre el que utiliza una terminación diferente. Fíjate en el ejemplo.

(a) proteger, traducir, pelear, comparar: *protección, traducción, ~~pelea~~, comparación*

(b) aliviar, mover, ahorrar, lograr: _____

(c) luchar, criticar, dudar, ayudar, aspirar, practicar: _____

(d) sufrir, entrenar, declarar, descubrir, pensar: _____

(e) pretender, confesar, aislar, dimitir, invertir: _____

(f) combatir, empatar, llamar, desfilar: _____

(g) advertir, sugerir, insistir, buscar, asistir: _____

(h) triunfar, inspirar, considerar, recuperar: _____

5 **Escribe un poema.** Las últimas palabras de los versos de los poemas tradicionales suelen terminar igual; es decir, riman. Ahora que conoces muchos nombres con la misma terminación, te será más fácil concluir los siguientes versos. Puedes utilizar los nombres de las actividades anteriores.

Para hablar bien español
use este libro que, sin du**da**,
le será de gran *ayu**da***
para exponer opiniones y conoci**mientos**
a partir de la organización de sus _____.

Para hablar con elocu**encia,**
he aquí otra _____:
utilice usted esta lengua
y que lo haga con frecu**encia.**

Es cuestión de estar atento,
de bastante _____,
de aprender sin sufri**miento,**
practicando el español... sin moverse del asiento.

Y finalmente...
asegúrese de que cada lec**ción**
sea para usted una fuente de _____,
y para eso...
ponga usted mucha aten**ción**
a las palabras clave de cada ora**ción.**

Nominalizaciones que etiquetan

En las actividades anteriores hemos aprendido a crear nombres a partir de verbos. En las próximas actividades, vamos a aprender a utilizar estas nominalizaciones para organizar nuestro discurso. Recuerda que las nominalizaciones que sirven para continuar nuestros textos son las que se construyen a partir de un verbo que ha aparecido anteriormente, como en el siguiente ejemplo:

> Queremos **ayudarla** en todo lo que necesite para adaptarse pronto a nuestro barrio. Los vecinos estamos seguros de que agradecerá mucho nuestra **ayuda.**

6 Crucigrama. Completa los huecos con la nominalización adecuada y rellena el crucigrama.

Horizontal

2   Últimamente, muchos profesores quieren colaborar con nuestra fundación dando clases de español a refugiados políticos. Esta _____ es muy gratificante para las dos partes. Los refugiados consiguen aprender el idioma que les abrirá las puertas del país de acogida y los profesores sienten que están mejorando su sociedad.

6   Todavía hay personas que creen que la teoría de la evolución es falsa. Me cuesta mucho comprender esas _____ porque no tienen una base científica sólida.

Vertical

1   Los expertos advierten de que el cambio climático va a afectar a las condiciones de vida de millones de personas, sobre todo, de aquellas que viven de la agricultura. Sin embargo, muchos gobernantes no se toman en serio estas _____.

3   El director uruguayo ha anunciado que se retira definitivamente del cine y agradece el apoyo que siempre ha tenido de sus seguidores. El _____ se produjo en medio de una gran expectación mediática.

4   La economía ha crecido este mes por primera vez desde hace cuatro años. No obstante, según los expertos, parece ser que este _____ es pasajero y que no durará mucho.

5   Sintió que ardía de rabia y ese _____ le impulsó a apretar el gatillo.

7   **Completa las oraciones y lanza una flecha.** Relaciona los fragmentos de las dos columnas y completa los huecos con la nominalización adecuada. Fíjate en el ejemplo.

(a) Vicente Pérez luchó durante toda su vida contra las bandas de narcos que atemorizaban a los comerciantes de la Villa Tajante.	**(I)** Sus obras están plagadas de referencias a este _____: collares de espinas, agujas, columnas rotas, corazones ensangrentados...
(b) Durante los años 80 la economía del país creció más del 50 %.	**(II)** Su *lucha* hizo despertar las conciencias de los políticos que, hasta ese momento, preferían no tratar el tema del narcotráfico.
(c) La pintora mexicana Frida Kahlo sufría terribles dolores de espalda como consecuencia de un accidente de tráfico.	**(III)** El principal motivo de este excepcional _____ fue el favorable contexto económico mundial, pero también la acertada política económica impulsada por el Partido Democrático.
(d) Según datos de la Organización Mundial de la Salud, América del Sur es la región del mundo que más azúcar consume: en torno a 50 kilos al año por persona.	**(IV)** Este _____ excesivo es muy peligroso y está relacionado con muchas enfermedades, como la obesidad, la diabetes o incluso en cáncer de páncreas.
(e) Aunque yo la veo muy enferma, el médico dice que se está recuperando según lo previsto.	**(V)** Por lo visto, la _____ de su enfermedad es muy lenta y tenemos que tener mucha paciencia.

8 Noticias locas. A continuación, te presentamos titulares de noticias que, aunque parecen una broma, son completamente ciertas. Inventa posibles subtítulos utilizando nominalizaciones. Fíjate en el ejemplo.

(a) Rescatan a un hombre atrapado en un árbol que trataba de rescatar a un gato atrapado en ese árbol[1]

*Según los bomberos, el **rescate** del hombre fue fácil, pero no el del gato, que arañó a más de uno.*

(b) Denuncian a un hombre en Sevilla por transportar una bañera en una moto[2]

(c) Despiden a funcionaria argentina por bailar sobre una mesa de su trabajo[3]

(d) Un empleado de banca transfirió 222 millones por error al dormirse sobre el teclado[4]

(e) Los panaderos se movilizan contra el refrán "pan con pan, comida de tontos"[5]

(f) Arrestado en el aeropuerto por ponerse ocho pantalones y diez camisetas para evitar pagar por exceso de equipaje[6]

9 Ahora al revés. Escribe las oraciones que faltan utilizando el verbo que ha originado cada nominalización. Fíjate en el ejemplo.

(a) *El profesor de química **ha decidido** atrasar el examen una semana.* La **decisión** ha sido muy bien acogida por todos los estudiantes.

(b) _____. La **protesta** no ha servido para nada.

(c) _____. Los **cambios** han empezado a notarse, afortunadamente.

(d) _____. La **colaboración** ha sido aceptada por todos los miembros de la empresa.

(e) _____. Sus padres denunciaron **la desaparición** más de 48 horas después de que saliera de casa.

10 No me tires de la lengua. Amplía las siguientes oraciones todo lo que puedas, utilizando, al menos, una nominalización. Fíjate en el ejemplo.

(a) Me prometió que no volvería a hacerlo.

*El miércoles pasado, a eso de las 10 de la noche, mi hijo menor, Valentín, me prometió que nunca más volvería a llegar a casa después de las 9. Sinceramente, no sé si debería creer su **promesa**, porque es un mentiroso profesional, como su abuelo.*

(b) Llamó por teléfono.

(c) Las tropas francesas derrotaron a las españolas.

(d) Me confesó el crimen.

¿Nominalizaciones u otras etiquetas?

Tanto las etiquetas del capítulo anterior como las formadas por nominalizaciones condensan en una única palabra la información presentada en un fragmento textual previo. Las nominalizaciones repiten exactamente la misma idea, ya que se forman a partir de un verbo que ya ha aparecido. Las etiquetas, en cambio, categorizan la información anterior con una palabra completamente nueva que puede añadir un punto de vista subjetivo. Fíjate en los ejemplos.

> Cuando tenía 18 años decidí estudiar Periodismo en Madrid. **Esa decisión** marcó el resto de mi vida.

> Cuando tenía 18 años decidí estudiar Periodismo en Madrid. **Ese error** marcó el resto de mi vida.

11 **Pon etiquetas.** Subraya el verbo y la nominalización de los ejemplos. Luego, reescríbelos cambiando la nominalización por una de las siguientes etiquetas. Fíjate en que, gracias a las etiquetas, conseguirás que los ejemplos presenten un punto de vista más subjetivo. Puede que tengas que hacer varias transformaciones para que la nueva etiqueta concuerde con el resto de la frase.

equivocación • abuso • súplica • injusticia • genialidad

(a) Antes de ser ejecutado, el preso <u>pidió</u> a gritos que le dieran una segunda oportunidad. Lamentablemente, nadie atendió a su <u>petición.</u>

   Antes de ser ejecutado, el preso pidió a gritos que le dieran una segunda oportunidad. Lamentablemente, nadie atendió a su súplica.

(b) El Gobierno prohibirá que los inmigrantes trabajen como funcionarios. Esta prohibición forma parte de un conjunto de medidas de reestructuración de la Administración Pública.

(c) Por segunda vez este año, el Ministerio de Economía y Hacienda ha calculado mal el déficit público. Este cálculo puede tener consecuencias desastrosas a corto plazo.

(d) Gran parte de la población latinoamericana consume azúcar en enormes proporciones. Está comprobado que ese consumo ocasiona enfermedades muy graves que conducen a una muerte prematura.

(e) En los años 30 del siglo pasado, Ladislao y George Biro diseñaron un instrumento de escritura que dosificaba la tinta automáticamente gracias a una pequeña bola que giraba en contacto con el papel. Este diseño, que hoy conocemos como bolígrafo, se comercializó por primera vez en Argentina.

12 **¿A favor o en contra?** (Audio 2) Para evitar aglomeraciones durante la Navidad, la alcaldesa de Madrid ha decidido que los peatones solo puedan circular en un único sentido por las calles más transitadas de la ciudad. El programa de radio *De buena mañana* ha salido a la calle para preguntar a los madrileños su opinión sobre la noticia. Las personas entrevistadas responden a la reportera

utilizando nominalizaciones o etiquetas. Escucha el audio y anota las etiquetas o nominalizaciones en la columna que corresponda.

A favor	En contra

13 **Jugamos en grupo.** Nos colocamos en círculo con una pelota. El jugador que comienza (A) dice una frase y lanza la pelota a otro jugador del círculo (B). El nuevo jugador (B) debe continuar la frase de su compañero con una oración nueva que utilice una nominalización o una etiqueta. Si no sabe contestar, debe responder el jugador que se la tiró en primer lugar (A). Una vez se hayan conectado dos frases, el jugador que tenga la pelota debe inventar una nueva frase y tirar la pelota a otro compañero (C). Es mucho más fácil de lo que parece, fíjate en el ejemplo.

- Jugador A: *Estamos jugando con una pelota.*
- Jugador B: *El juego es muy divertido.*
- Jugador B: *Mis deberes han desaparecido.*
- Jugador C:...

14 **Si yo fuera presidente...** Formamos grupos de tres. Cada alumno piensa en varias decisiones que tomaría si fuera presidente. Por ejemplo:

(a) *Si yo fuera presidente, decidiría que el transporte público fuera gratuito.*
(b) *Si yo fuera presidente, decidiría que todo el mundo fuera vegetariano.*

Después, elegimos una opción, por ejemplo (a), y en tres trozos de papel, escribimos una etiqueta positiva (por ejemplo, "esta medida revolucionaria"), una negativa (por ejemplo, "este despilfarro") y una neutra (por ejemplo, "esta decisión"). Ten en cuenta que las etiquetas que escribas tienen que ser adecuadas para la opción elegida y que la nominalización "esta decisión" siempre puede ser la etiqueta neutra.

Tras escribir las tres etiquetas en los trozos de papel, los repartimos al azar. Cada alumno tiene que defender la postura de la etiqueta que le haya tocado. A la persona que le toque la nominalización ("esta decisión") será el moderador del debate. Quien tenga la etiqueta positiva, estará obligado a defender la decisión: *esta medida revolucionaria va a acabar con la contaminación en nuestras ciudades...*; mientras que quien tenga la etiqueta negativa deberá mostrarse en contra: *este despilfarro va a arruinar al país...*

Cada debate no debe durar más de tres minutos. Cuando acabe, cambiamos de opción y de etiquetas.

15 **Antes de terminar.** Ve al glosario y comprueba que conoces las palabras clave de este capítulo.

NOTAS

1   Ideal, S. (24 de abril de 2018) "Rescatan a un hombre atrapado en un árbol que trataba de rescatar a un gato atrapado en ese árbol" en *Ideal*. Sevilla. www.ideal.es/sociedad/rescatan-hombre-atrapado-arbol-gato-20180424092756-nt.html. [Consulta: 06 de abril de 2018].

2   Villadiego, L. (28 de noviembre de 2017) "Denuncian a un hombre en Sevilla por transportar una bañera en una moto" en *Ideal*. Sevilla. https://digitalsevilla.com/2017/11/28/denuncian-hombre-sevilla-transportar-una-banera-una-moto/. [Consulta: 06 de abril de 2018].

3   Multimedia, R. (10 de enero de 2017) "Despiden a funcionaria argentina por bailar sobre una mesa de su trabajo (VIDEO)" en *Correo*. Lima. https://diariocorreo.pe/mundo/despiden-a-funcionaria-argentina-por-bailar-sobre-una-mesa-de-su-trabajo-video-723212/. [Consulta: 06 de abril de 2018].

4   Redacción (11 de junio de 2013) "Un empleado de banca transfirió 222 millones por error al dormirse sobre el teclado" en *La Vanguardia*. Barcelona. www.lavanguardia.com/economia/20130611/54375874684/un-banquero-transfirio-222-millones-por-error-al-dormirse-sobre-e.html. [Consulta: 06 de abril de 2018].

5   Europa Press (19 de mayo de 2017) "Los panaderos se movilizan contra el refrán 'Pan con pan, comida de tontos'" en *El Mundo*. Madrid. www.elmundo.es/f5/comparte/2017/05/19/591f196c268e3e22178b45b0.html. [Consulta: 06 de abril de 2018].

6   Fcinco (18 de enero de 2018) "Arrestado en el aeropuerto por ponerse ocho pantalones y 10 camisetas para evitar pagar por exceso de equipaje" en *El Mundo*. Madrid. www.elmundo.es/f5/comparte/2018/01/18/5a6074abca47417c1e8b4661.html. [Consulta: 06 de abril de 2018].

Capítulo 3

Esto tiene sentido. Demostrativos neutros:
esto, eso y *aquello*

Podemos usar los demostrativos neutros (**esto, eso** y **aquello**) para referirnos a la información que acaba de mencionarse, como hacen las personas de la viñeta. Por ello, al igual que las nominalizaciones y otras etiquetas, los demostrativos neutros son muy útiles para organizar nuestros textos.

1 **Colócalo.** Inserta las frases que aparecen a continuación en el lugar adecuado del artículo sobre el espanglish. Ten en cuenta que los demostrativos neutros tienen que referirse a la idea de la oración u oraciones precedentes.

   (a) **Eso** significa que es exagerado hablar de mezcla de idiomas y un disparate hablar del nacimiento de una nueva lengua.
   (b) Expliquemos **esto** con más detalle...
   (c) **Esto** supondrá que, una vez el flujo de inmigrantes hispanos disminuya, el español o el espanglish desaparecerá en apenas tres generaciones.
   (d) Por **eso**, podemos pronosticar con bastante seguridad que no veremos el nacimiento de una nueva lengua a partir del espanglish.

EL ESPANGLISH

(1) Si preguntáramos en la calle qué significa la palabra "espanglish", probablemente nos dirían algo así: el spanglish o espanglish es la mezcla entre el español y el inglés que hablan algunos hispanos en Estados Unidos. (2)

Lógicamente, nos quedaríamos muy satisfechos con la respuesta, porque esta definición encaja a la perfección con el término, compuesto por los nombres de los dos idiomas. (3) Sin embargo, la definición es equivocada y, por tanto, el término que nos ha llevado al error es desafortunado. (4)

(5) Como todo lo que es diferente llama mucho la atención, la influencia del inglés en el habla del español de los Estados Unidos puede parecernos trascendental, hasta el punto de proclamar que existe una "hibridación" entre dos lenguas. (6) Sin embargo, según los cálculos de Otheguy (2008),[1] la tasa de préstamos del inglés en el espanglish es menor del 1 %. (7) Especialmente, si tenemos en cuenta que la gramática del español de los Estados Unidos apenas tiene trazos de la influencia de la gramática inglesa. (8)

(9) Además, aunque no sería la primera vez que una nueva lengua nace a partir de la "mezcla" de otras —las denominadas lenguas criollas— sabemos que estas lenguas no surgen en situaciones de bilingüismo o diglosia (cuando conviven dos lenguas de diferente estatus), sino en contextos sociales de interacción (e incomprensión) entre los hablantes de más de dos lenguas. (10) De hecho, lo que probablemente veamos es la muerte del espanglish o del español del país norteamericano, ya que los datos demuestran que los hijos de los hijos de los inmigrantes hispanos no utilizan activamente este idioma. (11)

2 Lanza una flecha. Relaciona las dos columnas para construir textos coherentes.

(a) ¿Te has enterado de que ahora en algunas escuelas chinas es obligatorio aprender español?	**(i)** **Esto** significa que muchos trabajadores van a quedarse sin empleo.
(b) Varias empresas de construcción han tenido que declararse en bancarrota debido a la crisis inmobiliaria.	**(ii)** Si la prensa lo hubiera descubierto, **aquello** se habría convertido en el escándalo de la década.
(c) No me apetece verla.	**(iii)** Probablemente, **esto** va a generar una gran demanda de profesores de este idioma.
(d) – El otro día confundí el nombre de mi propio marido. Lo llamé Javier ¡como a mi ex!	**(iv)** Pero **eso** no quiere decir que la odie. Aunque no nos veamos, la sigo queriendo mucho.
(e) La presidenta mantenía una relación secreta con su ministro de exteriores.	**(v)** – No te preocupes, **eso** le puede pasar a cualquiera. La mente nos juega malas pasadas.

¿Demostrativos o etiquetas?

Los demostrativos neutros solo pueden utilizarse cuando la idea que recuperan es evidente. Cuando esta idea no está clara, es mucho mejor utilizar etiquetas. Fíjate en la viñeta de la página siguiente.

En la viñeta anterior, no nos queda claro a qué se refiere la mujer de la izquierda cuando utiliza **esto**: ¿Qué es injusto? ¿Que bajen el sueldo a la mitad de la plantilla, que tengan que trabajar el día de Navidad o las dos medidas? Tampoco nos queda claro a qué se refiere el hombre de la derecha: ¿Qué le parece tan sorprendente? ¿La caída de los beneficios o la subida de sueldos? Generalmente, el demostrativo solo se refiere a la última idea expresada en la frase anterior. Si queremos recuperar una idea expresada en varias oraciones o en una oración que no es la inmediatamente anterior, es mejor utilizar una etiqueta, como en los siguientes ejemplos:

> Mi jefa va a bajar el sueldo a la mitad de la plantilla y quiere que trabajemos el día de Navidad. **Estas medidas** son realmente injustas.

> La fábrica de automóviles ha decidido subir el sueldo a todos los trabajadores. No lo comprendo, porque los beneficios de este año han caído más de un 10 %. **La decisión** es realmente sorprendente.

3 **Seamos claros.** Los demostrativos de los siguientes ejemplos no se han utilizado correctamente porque no queda claro a qué se refieren. Subraya el demostrativo neutro, piensa en por qué no es claro y sustitúyelo por la etiqueta que soluciona la ambigüedad.

(a) Algunos alumnos plagian en sus trabajos o copian en sus exámenes. Las consecuencias de <u>esto</u> son muy graves. Suponen el suspenso de la asignatura, la apertura de un expediente disciplinario y, en ocasiones, la expulsión de la universidad.

(I) <u>Estas acciones</u>   (II) Estos pensamientos   (III) Estas medidas

(b) Los resultados del estudio permiten añadir un nuevo factor asociado al cáncer hígado. Muchos de los enfermos que participaron en nuestras pruebas presentaban una mutación en el gen TP53. Esto podría ayudar a las empresas farmacéuticas a desarrollar nuevos tratamientos más eficaces.

(I) Esta grave enfermedad   (II) Este nuevo descubrimiento
(III) Esta denominación

(c) No sabemos dónde vive, si procede de una familia rica o pobre, si ha conocido mundo, si ha sufrido mucho o si ha tenido muchos amores y amistades... Esto nos impide comprender las verdaderas motivaciones del protagonista.

(I) Estas ideas   (II) Esta débil contextualización   (III) Esta locura

(d) En el año 1973, la Sociedad de Psiquiatría de los Estados Unidos declaró que la homosexualidad no era una enfermedad mental, como había sido considerada hasta entonces. Esto provocó una conmoción enorme en el mundo entero y, a partir de ese momento, muchas actitudes respecto a la homosexualidad se volvieron más flexibles y tolerantes.

(I) Este incidente   (II) Este descenso   (III) Este cambio de postura

Combinaciones frecuentes

Los demostrativos neutros, en especial **eso**, se combinan frecuentemente con otras palabras para conectar fragmentos textuales mediante causas (**por eso**), propósitos (**para eso**) o concesiones (**a pesar de eso**). La tabla que te presentamos a continuación, muestra otras combinaciones en las que suelen aparecer los demostrativos neutros:

Con verbos	Otras combinaciones
Eso significa que	Esto último
Eso tiene que ver con	Todo eso
Aquello parecía	Nada de eso

4 Todo eso y más. Relaciona las expresiones con sus usos y significados.

(a) Por eso **(b)** Eso significa que **(c)** Aquello parecía **(d)** A pesar de eso **(e)** Eso tiene que ver con **(f)** Esto último **(g)** Todo eso **(h)** Nada de eso	(I) Se usa para referirse a todos los elementos de una enumeración (II) Se usa para describir una situación (III) Se usa para introducir una consecuencia (IV) Se usa para referirse al último elemento de una enumeración (V) Se usa para introducir un tema que está en relación con otro (VI) Se usa para descartar lo dicho anteriormente (VII) Se usa para explicar algo o introducir una consecuencia (VIII) Se usa para categorizar lo anterior como un obstáculo o inconveniente

5 **Con todo eso...** Completa los espacios con las expresiones de la actividad anterior.

(a) No tengo ni un duro y no consigo encontrar trabajo. _____, no me queda más remedio que irme.

(b) Tiene usted que comer menos grasas saturadas y hacer más ejercicio. _____ se lo recomiendo por experiencia: yo mismo llevo yendo al gimnasio tan solo tres semanas y ya me encuentro mucho mejor.

(c) Lleva lloviendo toda la semana y el pronóstico para los próximos días no es muy bueno. _____, este fin de semana nos vamos de vacaciones a la playa.

(d) Se quedó sin amigos, sin trabajo y sin carta de recomendación. _____ le habría pasado si hubiera hecho las cosas como Dios manda.

(e) Se quedó sin amigos, sin trabajo y sin carta de recomendación. _____ le pasó porque era un mentiroso compulsivo.

(f) Las llamas estaban en todas partes y en el aire no había más que humo y cenizas. _____ un auténtico infierno.

(g) No ha venido a visitarnos en los últimos años ni ha respondido a nuestras cartas. _____ ha perdido el interés en mantener su amistad con nosotros.

Combinaciones frecuentes con etiquetas

Como los demostrativos, las etiquetas de discurso también presentan combinaciones frecuentes, pero aún más variadas. A continuación, te presentamos algunas:

Con verbos	Con preposiciones
Este plan persigue/estas medidas buscan	Ante esta situación/en ese contexto
Otra posibilidad es	Por esta razón/por ese motivo
Estos hechos demuestran	Para lograr este objetivo
	Con estas medidas

6 **Tradúcelo.** Lee el siguiente texto y fíjate en las expresiones destacadas. Después, tradúcelas. ¿Estas combinaciones de palabras son también frecuentes en tu lengua?

(a) El plan persigue:

(b) Con esta medida:

(c) Ante esta situación:

(d) Por este motivo:

(e) Para lograr este objetivo:

(f) En ese contexto:

(g) Otra posibilidad es:

(h) Estos hechos demuestran:

La aseguradora *El Canguro* ha decidido que sus empleados participen de los riesgos que hasta ahora asumía exclusivamente la empresa. **El plan persigue** que sus trabajadores sean muy cautos cuando acepten nuevos clientes y que traten de reducir al mínimo las indemnizaciones. En palabras de la empresa: "**con esta medida,** conseguiremos mejores resultados económicos, como debe ser".

Ante esta situación, muchos de los empleados han protestado, porque consideran que realizan su trabajo correctamente y que sus salarios son tan bajos que no podrían asumir ningún tipo de pérdidas. **Por este motivo**, han solicitado que la medida afecte solo a los altos cargos. **Para lograr ese objetivo**, han organizado una recogida de firmas de clientes que ha sido todo un éxito.

En este contexto, en una entrevista para Radio 5, el presidente de *El Canguro* ha pedido disculpas a sus clientes, ha asegurado que confía plenamente en sus trabajadores y ha anunciado que la empresa es la única responsable de cualquier pérdida económica. **Otra posibilidad**, que aún no descarta, **es** convertir a los trabajadores en accionistas de la firma, para que participen no solo en las pérdidas, sino también en los beneficios de la empresa.

Estos hechos demuestran que las protestas sensatas y bien organizadas pueden cambiar el rumbo de decisiones injustas y abusivas.

7 **Por favor, acaba con esto**. Termina las siguientes frases de manera coherente. Fíjate en el ejemplo.

(a) Los kiwis son una de las frutas con menos azúcar. **Por esta razón,** *son muy recomendables para los diabéticos.*

(b) Las leyes eran extremadamente represivas con las mujeres: les tenían prohibido trabajar fuera del hogar, abrir una cuenta bancaria o divorciarse. **Ante esta situación,...**

(c) Podemos irnos de vacaciones a Chile. **Otra posibilidad es...**

(d) El Gobierno va a prohibir la venta de alcohol a menores de veintiún años y el consumo de alcohol en la calle. **Este plan persigue...**

(e) Me he propuesto mejorar mi nivel en español. **Para lograr este objetivo,...**

(f) La Dirección General de Tráfico ha impuesto una reducción de la velocidad en autopista a 100 kilómetros por hora y ha prohibido el uso del teléfono móvil en el coche. **Con estas medidas,...**

Pronombres neutros y etiquetas para valorar

Tanto las etiquetas como los pronombres neutros se refieren a ideas que hemos expresado previamente en nuestros textos, pero solo las etiquetas, al dar un nombre a esas ideas, las pueden valorar subjetivamente. Además, como los demostrativos neutros son pronombres, no pueden combinarse con adjetivos (podemos decir "magnífica estrategia", pero no "~~magnífica esto~~"). Por estas razones, si nuestro objetivo es convencer con nuestros escritos, es mejor utilizar etiquetas que demostrativos.

8 **Con todo lujo de detalles.** Cambia los pronombres neutros por etiquetas y combínalas con los adjetivos que te parezcan adecuados. A continuación te proponemos algunos, pero puedes utilizar otros. Fíjate en que puede que tengas que hacer más transformaciones para que la nueva etiqueta concuerde con el adjetivo y con el resto de la frase, como en el primer ejemplo.

despiadado • ~~preventivo~~ • sensato • terrible • equivocado • sorprendente

(a) Se organizó un plan de control de alcoholemia en la entrada de las principales autopistas y se habilitaron nuevos carriles en dirección a los destinos turísticos más visitados. Se espera que con **esto** se reduzca el número de accidentes de tráfico en carretera. → *Se espera que con estas* **medidas preventivas** *se reduzca el número de accidentes de tráfico en carretera.*

(b) Un equipo de científicos en Cantabria ha descubierto un gusano que come plástico. **Eso nos permitirá** deshacernos de estos residuos de manera natural.

(c) En muchos países, está prohibido que las bolsas de plástico sean gratuitas. Con **esto** se pretende reducir la producción de plástico, ya que este material está contaminando nuestros océanos.

(d) Muchas mascotas son abandonadas al poco tiempo de llegar a sus nuevos hogares porque los dueños se cansan de ellas. **Esto** está penalizado con multas muy altas.

(e) El día de Navidad despidieron a Jacinto de su trabajo. **Esto** hubiera bastado para sacar de sus casillas a cualquiera, pero no a él.

(f) A mi vecino le entraron los nervios de última hora y dejó plantada a su novia en el altar. Por **eso**, vive solo y amargado.

9 **Qué he hecho yo para merecer esto.** Como hemos explicado, los pronombres neutros no aportan, por sí solos, juicios de valor; pero sí se pueden utilizar en contextos valorativos. Inventa a qué hechos negativos podría referirse "esto" en los siguientes diálogos de la colección de libros *El mundo de Custodio*[2]:

(a) "– Claro, no me extraña, nos tienen la parcela siempre llena de porquerías, **esto** tenía que pasar tarde o temprano – protesta indignado Custodio".

un incendio/una plaga de ratas

(b) "Por si no fuera bastante, cuando regresa de sus escapadas al refrigerador, Custodio vuelve a quejarse: ¡**Esto** no hay quien lo aguante!"

(c) " – ¡Es la última vez que te hago caso! ¡**Esto** ya pasa de castaño oscuro! Recoge el dinero, que nos vamos sin pagar".

(d) " – Póngame con el director del periódico. Tengo una noticia bomba que darle.
   – Lo siento mucho, caballero, pero el director está ocupado. Tendrá que hablar usted conmigo.
   – **Esto** no se lo puedo decir a usted. Tengo que hablar con el director en persona, es algo muy gordo".

(e) " ¡Todo **esto** me pasa por hacerte caso!
   – Pero, ¿qué dices? – se defiende el pobre hombre – el agua está perfectamente".

10 **El test del optimismo.** Haz el siguiente test y subraya las nominalizaciones, etiquetas o demostrativos. Las respuestas (a) obtienen un punto; las (b), dos puntos y las (c), tres puntos. Cuantos más puntos tengas, más optimista eres.

(i) Ayer hubo un terremoto y mi casa se derrumbó.

   (a) Me quiero morir. No merezco esta desgracia.
   (b) Esto es un horror, pero podría haber sido peor. Al menos no había nadie dentro.
   (c) Esta oportunidad no la dejo pasar: mañana mismo me cambio de barrio. Los vecinos eran lo peor.

(ii) Cuando tenía ocho años robé un libro de la biblioteca.

   (a) Aquello fue un sacrilegio y aún tengo que pagar por ello.

    (b) Aquel hurto fue un error, pero lo importante es que aprendí que estaba mal.

    (c) Aquella travesura no tiene ninguna importancia. Es algo que todos los niños deben hacer una vez en la vida.

(iii) Me han llamado de un número desconocido, pero no me ha dado tiempo a coger el teléfono.

    (a) ¿Qué habrá pasado? Estas "sorpresas" no me gustan nada... Seguro que era un aviso urgente para decirme algo malo.

    (b) Da igual, seguro que la llamada era de mi compañía de teléfonos.

    (c) Seguro que la llamada es de alguien que me quiere ofrecer un trabajo mejor.

(iv) Anoche mi novio me prometió que nunca me sería infiel.

    (a) Voy a cortar con él, esa mentira no se la cree nadie.

    (b) Sus palabras sonaban sinceras, pero... "nunca digas nunca".

    (c) Su promesa me tranquilizó mucho. Ahora me da igual que comparta piso con su exnovia Rosana y con su amor platónico de la infancia, Teresa.

11 Ahora es vuestro turno. El test anterior tiene muy pocas preguntas. En parejas, escribid dos preguntas más. Tened en cuenta que la opción (a) debe ser la más pesimista y la opción (c) la más optimista. No olvidéis utilizar etiquetas, demostrativos o nominalizaciones en las respuestas. Cuando tengáis las nuevas preguntas, reunid las de toda la clase y haced el nuevo test. ¿Quién es el más optimista de la clase?

12 La pirámide del discurso. ¿Etiquetas, nominalizaciones o pronombres neutros? Todas estas palabras clave pueden recoger información previa para ayudarnos a continuar nuestros textos. Pero, ¿cuál aporta, por sí sola, más información, detalles y permite una mayor subjetividad? ¿Cuál aporta menos información y detalles y, por sí sola, no contribuye a la subjetividad de nuestros textos? Reflexiona sobre estos asuntos y coloca dentro de la pirámide las tres categorías de palabras clave que hemos visto hasta ahora: etiquetas, nominalizaciones y pronombres neutros.

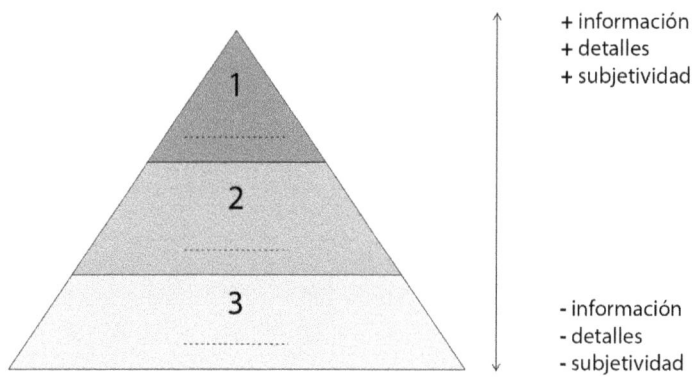

13 **Antes de terminar.** Ve al glosario y comprueba que conoces las palabras clave de este capítulo.

NOTAS

1   Otheguy, R. (2008): El llamado espanglish. En: López Morales, H. (coord.): *Enciclopedia del español en los Estados Unidos.* Madrid: Instituto Cervantes y Editorial Santillana, pp. 222–246.

2   Martín de León, C. y Sánchez Elsner, T. (2015): *El papel higiénico y otros asuntos de suma importancia.* Madrid: Verbum.

Martín de León, C. y Sánchez Elsner, T. (2016): *Basado en hechos surrealistas.* Madrid: Verbum.

Martín de León, C. y Sánchez Elsner, T. (2017): *Custodio García, para salvarles.* Madrid: Verbum.

A continuación te indico los pasos que hay que seguir. Palabras para ordenar (listas, clasificaciones y secuencias)

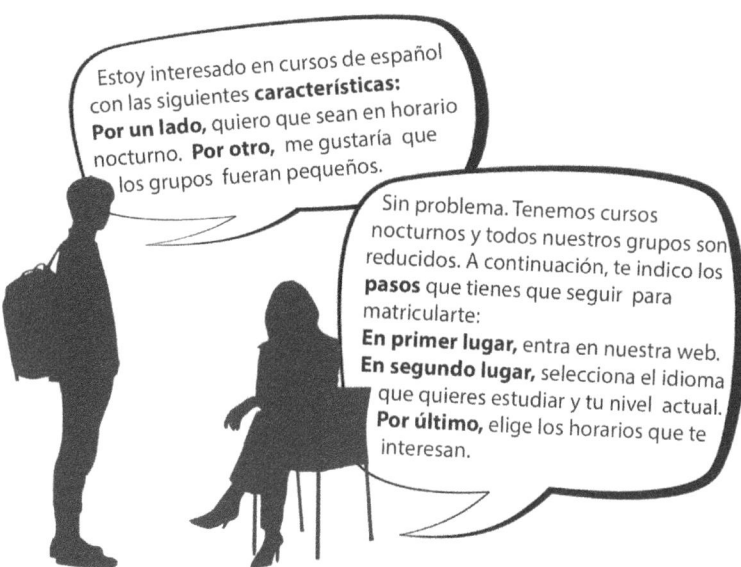

Estoy interesado en cursos de español con las siguientes **características:** **Por un lado,** quiero que sean en horario nocturno. **Por otro,** me gustaría que los grupos fueran pequeños.

Sin problema. Tenemos cursos nocturnos y todos nuestros grupos son reducidos. A continuación, te indico los **pasos** que tienes que seguir para matricularte:
En primer lugar, entra en nuestra web.
En segundo lugar, selecciona el idioma que quieres estudiar y tu nivel actual.
Por último, elige los horarios que te interesan.

Las personas de la viñeta usan las palabras destacadas para ordenar las diferentes ideas que presentan. Algunas de esas palabras, como **características** o **pasos,** forman parte de las *oraciones introductorias* que utilizamos para anunciar una lista o clasificación. Estas palabras funcionan como las etiquetas, pero al revés: en lugar de nombrar una idea que ya hemos dicho, anticipan la información que vamos a decir.

Las otras expresiones destacadas (**por un lado/por otro, en primer lugar, en segundo lugar** o **por último**) son *conectores ordenadores:* palabras que usamos para organizar los diferentes elementos que forman parte de una lista.

1 **Organízalo.** Subraya la oración introductoria y el único conector ordenador presente en el siguiente texto. Luego, introduce en el lugar adecuado los siguientes *conectores ordenadores:* **en primer lugar, en segundo lugar** y **en tercer lugar.**

¿PREOCUPADO POR LOS EXÁMENES?

(1) Algunos estudiantes padecen ansiedad ante los exámenes. (2) Se trata de un tipo de ansiedad denominada ansiedad de evaluación y podemos sufrirla cuando nos enfrentamos a situaciones en las que nuestras habilidades son juzgadas; por ejemplo, cuando hablamos en público o cuando hacemos una entrevista de trabajo. (3) La ansiedad que nos produce ser evaluados no consiste, tan solo, en ponernos nerviosos, sino en sentir un profundo miedo irracional que puede llegar a paralizarnos. (4) Afortunadamente, la mayor parte de las veces, nuestra preocupación no es patológica y se debe a causas externas. (5) Simplemente, hemos dejado la preparación del examen para los últimos días y es muy normal estar preocupados. (6) Planificar nuestros estudios es esencial para evitar este mal trago y para obtener mejores resultados. (7) A continuación, te ofrecemos algunos consejos para que te puedas tomar con calma los exámenes y así sacar el mayor rendimiento a tu trabajo:

(8) Es muy importante que establezcas una rutina de trabajo desde el comienzo del curso, dedicando unas horas al estudio todos los días. (9) Elige un lugar de estudio en el que te apetezca estar, que sea agradable, tranquilo y sin distracciones. (10) Planifica tu tiempo dividiéndolo en pequeños objetivos. (11) Para ello, decide cuáles son las tareas para cada día y cuándo tienen que estar terminadas. (12) De esta manera, controlarás mejor tu tiempo y no te "pillará el toro". (13) Y, por último, sé realista, no trates de hacer más de lo que realmente puedes hacer. (14) Recuerda que también es necesario descansar. (15) Planificar más de tres horas de estudio seguidas puede ser contraproducente. (16) Ahora que conoces estos consejos, ponte manos a la obra y no lo dejes para el último momento.

Oraciones introductorias

Antes de presentar una clasificación es conveniente anunciarla con una oración introductoria. Algunos verbos, como **dividirse en, haber, constar de,** o **indicar,** son muy útiles para construir estas oraciones.

La ciudad de Cádiz, en Andalucía, **se divide en** cuatro distritos.

Según un reciente estudio, **hay** cinco clases de usuarios de Facebook.

El curso **consta de** cinco asignaturas.

A continuación, le **indico** los pasos que hay que seguir.

A menudo, estas oraciones señalan el número de elementos que constituyen la clasificación o, al menos, una cuantificación imprecisa, mediante palabras como **algunos, muchos** o **diferentes,** que preceden a etiquetas anunciadoras: **pasos, características, tipos, razones, etapas,** etc.

Nuestra oferta formativa incluye **diferentes tipos** de cursos.

Existen **muchas razones** para matricularse en nuestra escuela.

Por último, las indicaciones textuales realizadas con expresiones como a **continua-ción**, **siguientes** o **abajo** también son frecuentes en las oraciones que introducen una lista.

> Podemos ofrecerle los **siguientes** cursos.

> **Abajo** le indicamos los cursos que ofrecemos actualmente.

2 **Cada oveja con su pareja.** Las siguientes frases incluyen nuevas palabras clave para presentar listas y clasificaciones. Sustituye las palabras clave destacadas por las que ya conoces y que te presentamos a continuación. Puedes usar cada palabra más de una vez.

> constar de • existir • presentar • fases • distintos • motivos • contar con • varios • numerosos • diversos • clases • múltiples

(a) **Hay** dos grupos de animales, según tengan, o no tengan, esqueleto y columna vertebral.

> *Existen dos grupos de animales, según tengan, o no tengan, esqueleto y columna vertebral.*

(b) El libro **incluye muchos** capítulos escritos por **diferentes** autores.

(c) A continuación te **indico algunas** herramientas para mejorar tu español.

(d) El conferenciante **indicó diferentes razones** para dejar de comer carne.

(e) Según la Clasificación Internacional de Enfermedades (CIE), **hay** cuatro **tipos** de enfermedades mentales.

(f) Todo proyecto bien organizado debe desarrollarse en las siguientes **etapas**.

3 **La clave está en una buena presentación.** Completa las siguientes oraciones introductorias con las palabras que te sugerimos a continuación. Para ello, te ayudará reflexionar si falta un verbo (existen), una etiqueta (pasos) u otras palabras clave.

> diversos factores • siguientes problemas • a continuación • pasos • indicamos • existen • muchas • consta de • varios lugares

(a) Desde mi punto de vista, _____ tres razones fundamentales para votar NO en el referéndum.

(b) Los alumnos con necesidades especiales se enfrentan a los _____.

(c) A continuación, te _____ los _____ que debes seguir si quieres convertirte en un escritor de éxito.

(d) _____ lenguas de Michoacán están desapareciendo debido a _____.

(e) El examen _____ tres preguntas.

(f) _____ te descubrimos _____ que deberías visitar en Panamá.

4 ¿De qué me vas a hablar? Escribe una oración introductoria para las siguientes clasificaciones.

(a) _____

En primer lugar, si sabes español, podrás leer la versión original de muchas de las novelas más importantes de la literatura universal. En segundo lugar, el español es una lengua en crecimiento: cada día la hablan más personas y cada vez está más presente en la música, en el cine, en los negocios y en las redes sociales. Por último, si hablas español, te será mucho más fácil aprender otros idiomas parecidos.

(b) _____

Primero, ajusta el asiento a tu altura. Después, coloca el espejo retrovisor de manera que veas lo que hay detrás. Para terminar, abróchate el cinturón de seguridad, que es obligatorio en todas las vías.

(c) _____

En primer lugar, mete la ropa en el tambor. Se recomienda separar la ropa blanca de la ropa de color. En segundo lugar, pon el detergente y el suavizante en el cajoncito que hay para ello. En último lugar, elige el programa de lavado que mejor se ajuste al tipo de prendas que vayas a lavar y al grado de suciedad. Una vez que se han seguido estos sencillos pasos, solo es cuestión de darle al botón de encendido.

(d) _____

Los elfos son una raza inmortal con una extraordinaria fuerza física y nobleza de espíritu. Son seres esbeltos, de estatura ligeramente superior a la de los hombres y con las orejas puntiagudas. Destacan como músicos y artesanos y, además, dominan las artes mágicas casi tan bien como los magos. Los hobbits no son inmortales, pero pueden vivir cerca de 100 años. Se caracterizan por su baja estatura, por su complexión rolliza y por tener pelo en los pies. Llevan vidas sedentarias y tranquilas y suelen dedicarse a la agricultura. Los enanos, otra de las razas de la Tierra Media, son aún más bajos que los hobbits y suelen tener largas barbas. Destacan por su temperamento volátil y por su habilidad para trabajar el metal. Los orcos son una raza movida por el odio y la destrucción. Presentan una altura similar a los humanos, pero tienen una complexión fuerte y robusta, aunque grotesca. Destacan como soldados y siempre trabajan para fuerzas malignas. Los trolls son más grandes que los orcos y suelen dedicarse al vandalismo, aunque también existen trolls buenos de corazón. Por último, los humanos son una raza fuerte y valiente, pero inclinada a las epidemias y a la enfermedad. Algunos humanos sirven al bien y otros, a las fuerzas del mal.

Conectores ordenadores

Utilizamos los conectores ordenadores para organizar los diferentes elementos que forman parte de un conjunto. Los más frecuentes son los que enumeran los miembros de una lista: **en primer lugar, en segundo lugar, en tercer lugar, primero, segundo, tercero, por último,** y **en último lugar.**

> Antes de tomar este medicamento tome las siguientes precauciones: (**En primer lugar/Primero**), no tome este medicamento si usted tiene alergia a la penicilina. (**En segundo lugar/Segundo**), no beba alcohol durante el tratamiento. (**Por último/En último lugar**), informe al médico si está embarazada o si tiene intención de quedarse embarazada.

Cuando la lista consiste en acciones que se realizan secuencialmente, son muy útiles los siguientes conectores: **luego, después (de), a continuación, acto seguido** o **tras esto último.** Para ordenar estas secuencias, también podemos emplear los verbos **empezar** o **comenzar, continuar** o **seguir,** y **terminar** o **finalizar.**

> El gazpacho es una sopa fría de tomate típica de Andalucía, que se toma, sobre todo, en verano. Para hacer el perfecto gazpacho andaluz debe seguir los siguientes pasos. **En primer lugar**, pele medio kilo de tomates y medio pepino. **Acto seguido,** trocee los tomates, el pepino, medio pimiento verde y un diente de ajo. Introduzca, **a continuación,** todos estos ingredientes en el vaso de la batidora y añada una rebanada de pan. **Luego**, bata la mezcla y añada sal, aceite y vinagre a su gusto. **Después de** batir bien la mezcla, pásela por el colador. **Para terminar,** déjelo enfriar al menos una hora. Es costumbre servir el gazpacho acompañando de trocitos de pepino, de cebolla y de tomate.

5 **Listas escondidas**. Reconstruye las tres listas que están escondidas en la siguiente tabla. Empieza por identificar las oraciones de presentación y luego busca los conectores ordenadores.

Lista 1: c,
Lista 2:
Lista 3:

(a) En la segunda, presentamos las palabras y expresiones que sirven para conectar ideas.	(b) En la tercera parte, aplicamos todo lo aprendido en textos amplios.	(c) Según Aristóteles, existen tres clases de amistad.

(d) A continuación, busca un lugar en que cubrirte, por ejemplo, un escritorio sólido.	**(e)** En la primera parte, trabajamos con las expresiones que sirven para retomar la información de un fragmento textual previo.	**(f)** En primer lugar agáchate, y aléjate de ventanas y de muebles que se puedan caer.
(g) Este libro está dividido en cuatro partes con objetivos y contenidos diferentes pero relacionados entre sí.	**(h)** La segunda se basa en el placer. Tampoco dura mucho, pues suele acabar cuando cambian nuestros gustos y aficiones.	**(i)** Cuando el terremoto haya acabado, vete a una zona segura en el exterior. No utilices nunca los ascensores.
(j) En caso de terremoto, sigue las siguientes instrucciones.	**(k)** Esta última es la más noble y no persigue un fin ulterior, por eso es la más duradera.	**(l)** La primera se basa en la utilidad y en el interés mutuo. Acaba cuando una de las partes deja de obtener beneficios por la relación.
(m) Luego, agárrate fuerte y mantén la calma.	**(n)** La tercera es la llamada "amistad de lo bueno", y une a dos personas que comparten una apreciación similar de lo que es bueno y virtuoso.	**(ñ)** Por último, al final del libro incluimos un glosario, donde recopilamos todas las palabras y expresiones que hemos practicado en los capítulos anteriores.

6 **¿Sabes cómo hacer un nudo de corbata?** A continuación, te presentamos las instrucciones para hacer el nudo de una corbata, pero están desordenadas. Ordénalas y rellena los huecos con los conectores adecuados. En algunos huecos, varias opciones son posibles.

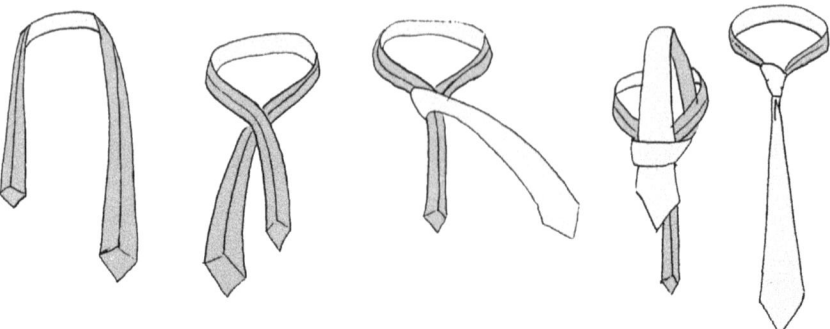

Si eres una de esas personas a las que les cuesta mucho hacer un nudo de corbata, no te preocupes. A continuación, te explicamos cómo hacerlo siguiendo cinco sencillos pasos. Si te pierdes, fíjate en el dibujo.

(a) _____ gira el lado más largo por encima del corto.

(b) _____ dobla la corbata dejando un lado más largo que el otro.

(c) _____ pasa el lado largo por el agujero del cuello y mételo por el nudo.

(d) _____ pasa el lado más corto por encima del largo.

(e) _____ tira con cuidado del lado más corto para ajustar el nudo.

7 **Es una cuestión de prioridades.** Ordena las siguientes prioridades y luego ponlas en común con tu compañero. ¿Coincidís? No olvides utilizar los conectores ordenadores. Fíjate en el primer ejemplo.

(a) ¿Qué consideras más importante en la vida?

- Tener hijos
- Tener mucho dinero
- Tener mucho tiempo libre
- Destacar en mi profesión

Tengo que reconocer que soy un poco materialista. Para mí, lo más importante es tener mucho dinero. Si tienes el dinero suficiente, todo lo demás irá sobre ruedas. En segundo lugar, veo fundamental tener mucho tiempo libre. Si no tienes tiempo, el dinero no te sirve de nada. En tercer lugar, todos queremos destacar en nuestras profesiones, aunque a mí, personalmente, esto no me importa mucho. Por último, lo menos importante para mí es tener hijos. De hecho, no me gustan nada los niños, creo que dan demasiado trabajo.

(b) ¿Qué consideras más importante en una pareja?

- Que sea una persona en la que se pueda confiar
- Que tenga mucho dinero
- Que tenga mis mismos gustos y aficiones
- Que sea atractiva

(c) ¿Qué es lo más difícil del español para ti?

- El subjuntivo
- La conjugación de los verbos
- Utilizar correctamente ser y estar
- Conversar con hablantes nativos
- Escribir

8 **Tu mejor receta.** Vuelve a leer la receta del gazpacho que presentamos en la explicación de los conectores ordenadores. Sigue ese modelo para escribir la receta de tu plato favorito. Luego, prepara una presentación oral.

Conectores ordenadores de dos elementos

Cuando nuestras listas solo constan de dos elementos, podemos utilizar los conectores ordenadores **por un lado** y **por otro (lado)** o **por una parte** y **por otra (parte)**.

> El reino animal se divide en dos grandes grupos. **Por un lado**, están los animales vertebrados, que tienen columna vertebral y esqueleto. **Por otro lado**, tenemos los animales invertebrados, que no tienen huesos.

A veces, estos conectores organizan listas tan breves que no requieren una oración de presentación. Además, **por otro (lado)** y **por otra (parte)** se combinan a menudo con **pero**, para señalar dos ideas opuestas que ocurren a la vez.

> **Por una parte**, me sentía muy feliz por terminar la universidad, **pero, por otra**, sentía una profunda pena por cerrar esta etapa de mi vida.

9 **¿Qué hay al otro lado?** Termina los ejemplos utilizando los conectores **por otro (lado)** o **por otra (parte)**.

(a) Por una parte, me gusta que llueva, pues así no tengo que regar el jardín; pero, *por otra parte, odio llevar paraguas.*

(b) Los sustantivos en español pueden tener dos géneros. Por un lado, tenemos los sustantivos masculinos, cuya terminación más frecuente es -o;...

(c) Los exámenes son, por un lado, una buena forma de evaluar los conocimientos y habilidades adquiridas, pero...

(d) La guerra civil española fue un conflicto social, político y bélico que dividió a los españoles. Por un lado, estaban los sublevados, que ganaron la guerra...

(e) Las máquinas son buenas porque, por un lado, realizan muchos trabajos pesados o monótonos, que nadie quiere hacer, pero...

(f) Existen dos tipos de personas en este mundo. Por un lado, están los locos que piensan que es buena idea poner piña en una pizza,...

10 **Blanco o negro.** En el último ejemplo de la actividad anterior dividimos el mundo en las personas a las que les gusta la piña en la pizza y las personas que la odian. Continúa los siguientes ejemplos para clasificar tu mundo según los criterios que se te ocurran. No olvides utilizar los conectores ordenadores de dos elementos.

(a) El mundo se divide en dos tipos de personas.

(b) En el mundo existen dos clases de políticos.

(c) Yo creo que podemos clasificar a nuestros amigos en dos grandes grupos.

(d) Hay dos tipos muy diferentes de compañeros de viaje.

11 Continúa con el esquema. (Audio 3) Escucha la clase sobre las lenguas romances y completa el siguiente esquema. Fíjate en cómo utiliza el profesor las palabras clave de este capítulo para ordenar su lección. A continuación te indicamos algunas palabras que necesitarás utilizar.

Lenguas galorrománicas • Lenguas balcorromances • Lenguas iberorrománicas • Lenguas italorromances

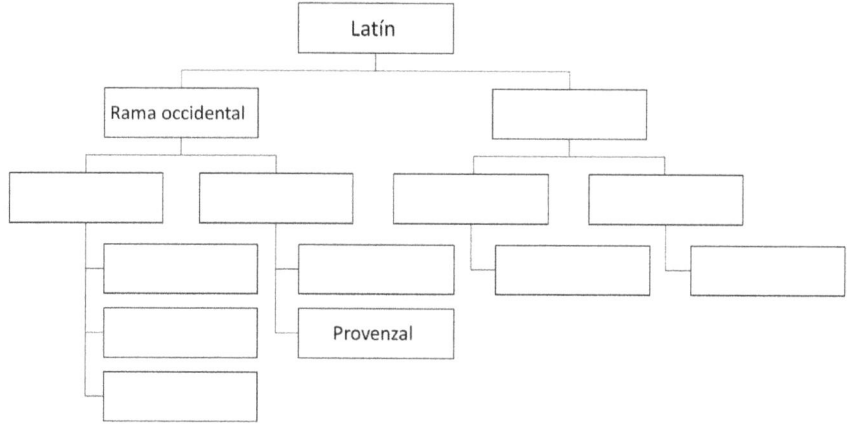

12 Te toca a ti dar la clase. A partir del esquema anterior, prepara una breve presentación sobre las lenguas románicas. Las palabras clave de este capítulo te serán muy útiles para organizar tu presentación. Cuando acabes, lee la transcripción del Audio 3 para comparar cómo se han usado las palabras clave en el audio y cómo las has utilizado tú.

13 El mentiroso. En parejas o en pequeños grupos, escribid tres listas con tres elementos verdaderos y uno falso. Luego leed la lista a vuestros compañeros, quien adivine la mentira gana un punto, quien se equivoque pierde un punto.

Ejemplo:

Para mí, un buen amigo tiene que tener las siguientes características: En primer lugar, y lo que es más importante, debe ser divertido. En segundo lugar, tiene que ser una persona en la que se puede confiar. En tercer lugar, tiene que ser muy feo, para que no me eclipse. Y, por último, tiene que ser extrovertido.

14 Sigue la lista. Nos ponemos en círculo y cogemos una pelota (si no tenéis, construid una con varios papeles arrugados). El jugador que comienza (A) dice una oración introductoria para una clasificación de dos elementos y lanza la pelota a otro jugador del círculo (B). El nuevo jugador (B) debe decir el primer elemento de la clasificación y tirar la pelota a otro compañero (C).

Cuando termine la primera clasificación, el siguiente jugador debe empezar con una oración introductoria nueva. Recuerda utilizar los conectores ordenadores de dos elementos. Fíjate en el ejemplo.

- Jugador A: *En esta universidad existen dos tipos de profesor:*
- Jugador B: *Por un lado, tenemos al profesor amargado, que nunca sonríe, es aburrido y disfruta suspendiendo a los alumnos.*
- Jugador C: *Por otro lado,…*

15 **Adivina de qué se trata.** Para empezar, nos colocamos en parejas. A continuación, cada pareja escribirá tres o cuatro pasos para realizar la actividad que decidan. No deben mencionar la actividad ni dar pistas. Luego, una de las parejas empezará el juego, explicando los pasos que haya escrito. En primer lugar, leerá solo el primer paso, dando oportunidad a los estudiantes a que adivinen de qué actividad se trata. Si nadie lo adivina, seguirá leyendo, esta vez, el segundo paso. Y así hasta que una pareja de estudiantes adivine la actividad de la que se trataba. La pareja que adivine la actividad descrita empezará de nuevo otra serie nueva, leerá lo que ha escrito y el resto de la clase tratará de descubrir la nueva actividad oculta. Fíjate en el ejemplo.

Para esta actividad tienes que seguir los siguientes pasos:
En primer lugar, limpia con mucha agua.
A continuación, aplica un desinfectante.
Por último, cubre la zona con una gasa o tirita.

16 **Antes de terminar.** Ve al glosario y comprueba que conoces las palabras clave de este capítulo.

17 **¿Recuerdas los consejos para evitar la ansiedad de los exámenes que dimos al principio de este capítulo?** Vuelve a leer el texto y piensa en otro problema que afecte a los jóvenes. Escribe una entrada para un blog dando una serie de consejos para solucionar el problema que hayas elegido. Te serán muy útiles todas las palabras que has aprendido en este capítulo.

Capítulo 5

Además, está más claro que el agua. Palabras para añadir información y enfatizar

Nos hemos apuntado a clases de español y nos gustan mucho

Además, son muy divertidas 😊

Y **encima**, son baratísimas

Por cierto, ¡olvidé pagarlas el último día! 😵

Las personas de la viñeta añaden información sobre un mismo tema utilizando las palabras que aparecen resaltadas. **Además** es el conector más usado para continuar un tema y añadir información: es el que tiene el significado más amplio y el que se puede utilizar en un mayor número de contextos. Sin embargo, no siempre vale, y no conviene abusar de él. A veces, cuando queremos ser más precisos, es mejor utilizar otros conectores como los que vamos a ver en este capítulo. Por ejemplo, las personas de la viñeta utilizan **encima** para poner énfasis en la información que añaden y **por cierto** para añadir una idea que acaban de recordar en ese momento.

1 **Antes de empezar.** Ve al glosario y fíjate en las palabras clave de este capítulo. ¿Las conoces todas? Haz las anotaciones que consideres pertinentes (significados, posibles traducciones y usos que conozcas). Si no comprendes alguna palabra, no te preocupes y déjala en blanco. Cuando termines este capítulo, sabrás utilizarlas todas.

2 **Los ninis en España**. Lee el texto y subraya las tres palabras que nos sirven para añadir información. Como pista, te las presentamos con las letras desordenadas. En los próximos apartados aprenderás a utilizarlas correctamente.

- apar omcol: _____
- siamosmi: _____
- uilgemtane: _____

GENERACIÓN NINI

Según la Organización para la Cooperación y Desarrollo Económico (OCDE), hay unos 45 millones de ninis en sus 35 países miembros. El término *nini* se utiliza para identificar a los jóvenes y adolescentes que NI estudian NI trabajan. Es una palabra despectiva que califica a estos jóvenes como apáticos, vagos, acostumbrados a la comodidad y a la sobreprotección familiar, y que, para colmo, no quieren trabajar ni estudiar. Pero, ¿es esto realmente cierto?, ¿los ninis no desean trabajar ni estudiar?

Las cifras obtenidas por la OCDE muestran que las dos terceras partes de los ninis no buscan trabajo. Esta situación es alarmante, ya que vaticina la exclusión social de gran parte de una generación. Pero no se puede culpar solo a los jóvenes de la situación en la que se encuentran. Muchos de ellos no buscan trabajo porque perciben que no hay lugar para ellos en el complicado mercado laboral español. Asimismo, abandonan sus estudios, ya que piensan, equivocadamente, que en España los estudios no sirven para conseguir un buen trabajo.

En definitiva, quizás, es nuestra sociedad la que ha defraudado a los ninis y no al revés. Es posible que la apatía e indiferencia de estos jóvenes cambie cuando tengan la oportunidad de trabajar. Igualmente, su actitud hacia los estudios será mucho más positiva en cuanto comprueben que los jóvenes que han estudiado consiguen un buen empleo, mientras que los que no lo han hecho siguen en paro.

Conectores para añadir informaciones de igual importancia: *asimismo* e *igualmente*

Utilizamos **asimismo** o **igualmente** en textos escritos y formales para unir dos informaciones que tienen la misma importancia y que no persiguen una finalidad argumentativa.

> El museo del Prado ha organizado una magnífica exposición sobre el pintor catalán Mariano Fortuny. **Asimismo,** ha editado un excelente catálogo que solo costará 30 euros.

Frecuentemente podemos sustituir estos dos conectores por **además**, pero no siempre, porque **además** sí aporta una valoración argumentativa, porque también puede aparecer en textos informales y porque suele introducir informaciones más importantes, como ocurre en el siguiente ejemplo:

> Era un hombre con un corazón extraordinario: saludaba a todo el mundo, siempre sonreía y te abría la puerta para que pasaras tú primero. ~~Asimismo,~~ **Además**, todos los días cocinaba para los vagabundos y los invitaba a cenar a su casa.

Ten en cuenta que **igualmente** no siempre funciona como conector, ya que también lo utilizamos como respuesta a un buen deseo (= te deseo lo mismo):

> – ¡Que tengas un buen fin de semana!
> – **¡Igualmente!**

Y como cuantificador de un adjetivo (= igual de):

> Fortuny es uno de los mejores pintores españoles del siglo XIX y Eduardo Rosales es **igualmente** magnífico.

3 **Las normas de la casa.** Completa las siguientes afirmaciones con los conectores que acabamos de aprender.

(a) Los conectores _____ unen informaciones de igual importancia.

(b) Los conectores _____ se usan principalmente en textos escritos y formales.

(c) El conector _____ se usa en situaciones formales e informales.

(d) El conector _____ aparece principalmente en contextos argumentativos.

4 **¿Cuál elegimos?** Elige el conector más adecuado.

(a) Ya sé que me van a decir que no estoy preparado para el puesto, pero yo me voy a presentar. *Además/Asimismo*, no tengo nada que perder.

(b) La directora del colegio no ha podido venir a la reunión por problemas de agenda. Lamentamos, *igualmente/además*, la ausencia del profesor Martín.

(c) No quiero que mi hija salga con ese chico porque es un nini. *Además/Igualmente*, me he enterado de que ha estado en la cárcel.

(d) Vámonos a la cama, ya ha terminado la película y es muy tarde. *Asimismo/Además*, mañana tengo que madrugar.

5 **Se enrolla más que las persianas.** Amplía las siguientes oraciones introduciendo **asimismo** o **igualmente**. Puedes inventar toda la información que quieras. Fíjate en el ejemplo.

(a) El nuevo ministro tiene mucha experiencia política y profesional.

> *El nuevo ministro de economía, Miguel Lombardo, ha sido presidente del Parlamento catalán durante dos legislaturas.* **Asimismo**, *ha trabajado en un banco alemán durante más de 15 años y fundó una empresa de seguros cuando solo tenía 28 años.*

(b) Comprar cosas de segunda mano es un modo de ahorrar dinero y proteger el medio ambiente.

(c) Los refrescos engordan y producen caries.

(d) Las drogas destrozan la vida de los adictos y de sus familias.

Conectores para añadir y enfatizar información:
encima, para colmo, incluso y *ni siquiera*

Utilizamos **encima** y **para colmo** para enfatizar las informaciones que añadimos. Por eso, solemos emplearlos en contextos argumentativos, es decir, debemos evitarlos si queremos dar impresión de objetividad. Muchas veces pueden sustituirse por **además,** que enfatiza menos, es menos subjetivo y menos espontáneo.

Encima y **para colmo** se utilizan en conversaciones coloquiales e introducen una valoración personal que queremos resaltar. **Encima** equivale a "aunque lo anterior ya es suficiente, además..." Puede utilizarse para valorar positiva o negativamente. **Para colmo** está especializado en introducir informaciones negativas, equivale a "aunque lo anterior ya es lo suficientemente malo, además...".

> Me encanta ese chico. Es listo, simpático, interesante, ocurrente y, **encima,** guapo.

> No me gusta ese chico. Es tonto, aburrido y, **para colmo,** no me parece nada atractivo.

Incluso añade una información que puede causar sorpresa porque es inesperada. Utilizamos **ni siquiera** cuando la sorpresa se debe a que lo que esperábamos no se cumple en lo más mínimo:

> Ha invitado a toda la clase, **incluso** al profesor.

> La fiesta fue un horror. **Ni siquiera** había música.

6 Elige y une. Relaciona las dos columnas y elige el conector más adecuado.

(a) Los antiguos egipcios construían templos para adorar a sus dioses.	(I) aunque, **encima/igualmente**, sirve para animar a los ejércitos antes de la batalla.
(b) La música sirve para amansar a las fieras,	(II) Hace una semana, **para colmo/ igualmente**, su novio se quedó sin trabajo.
(c) Dicen por ahí que su madre la echó de casa hace un mes, al enterarse de que estaba embarazada.	(III) **Asimismo/Encima,** levantaban pirámides para enterrar a sus faraones.
(d) Les dijeron que les iban a aumentar el sueldo y que les darían diez días más de vacaciones.	(IV) Les prometieron, **incluso/ni siquiera**, tres pagas dobles y una oficina más grande. Y todo, para que no se fueran.
(e) Tras el accidente perdió completamente la memoria.	(V) Y, **encima/asimismo,** está soltero.
(f) Es inteligente, guapísimo, simpático...	(VI) **Ni siquiera/Para colmo** recordaba su propio nombre.

7 Corta y pega. Los conectores que hemos visto pueden servirnos para dividir y unir oraciones independientes. Transforma los siguientes ejemplos en dos oraciones separadas por un punto y relaciónalas mediante los conectores que te indicamos a continuación. En algunos ejemplos varias opciones son posibles:

para colmo • incluso • encima • igualmente • además

(a) Los perros hacen mucha compañía a sus dueños y les ayudan a desarrollar un sistema inmunológico fuerte.

Los perros hacen mucha compañía a sus dueños. Además, les ayudan a desarrollar un sistema inmunológico fuerte.

(b) Perdí el partido y me rompí la muñeca.
(c) Los fines de semana, la plaza está llena de niños que juegan a la pelota, y durante la semana también tiene mucha vida, pues todas las personas mayores del barrio se reúnen para charlar.
(d) Sacó unas notas extraordinarias y ganó la olimpiada internacional de matemáticas.
(e) Muchas personas enfermaron porque la comida estaba en mal estado y un niño tuvo que ser hospitalizado.

Conectores con etiquetas: *además de* y *junto a*

Algunas expresiones para añadir información utilizan etiquetas o pronombres neutros. La construcción **además de + etiqueta** introduce la idea más importante (la de mayor peso argumentativo) o una idea extra. **Junto a + etiqueta** es muy parecido a **además de + etiqueta,** pero suele unir ideas de la misma importancia. Los dos conectores sirven para relacionar grandes fragmentos textuales y suelen aparecer después de un punto. Fíjate en el ejemplo.

Para escribir textos de gran calidad podemos tener en cuenta las siguientes sugerencias:

En primer lugar, antes de escribir tenemos que buscar ideas atractivas e interesantes. Por ejemplo, podemos hacer una lluvia de ideas o leer un poco sobre los temas de los que vayamos a escribir. En segundo lugar, tenemos que planificar nuestro texto, con un mapa conceptual o con un esquema en el que indiquemos la idea que vamos a desarrollar en cada párrafo. Por último, una vez hayamos recopilado ideas y planificado nuestro texto, podemos ponernos a escribir.

Además de estas indicaciones, tenemos que tener en cuenta que la revisión y la corrección final son fundamentales para presentar textos de calidad profesional.

8 **¿Además de qué?** ¿Qué tipo de información recuperamos? *¿Problemas, hábitos, medidas, funciones?* Fíjate en los fragmentos de la primera columna y

completa la etiqueta. Luego, relaciónala con las continuaciones de la segunda columna.

(a) El agua de la ducha sale sucia y con poca presión, no funciona la calefacción ni tampoco el aire acondicionado. Además de *estos problemas*,	**(I)** con el lenguaje también construimos nuestra propia identidad.
(b) El Gobierno se compromete a bajar el déficit, a subir el salario mínimo y a mantener los impuestos como están. Junto a _____	**(II)** el tejado necesita una reparación urgente porque tiene goteras.
(c) El lenguaje sirve, en primer lugar, para hablar sobre el mundo, pero también para establecer relaciones interpersonales. Además de _____	**(III)** en la medida de lo posible, evite las prisas y las preocupaciones.
(d) Tiene que comer menos grasas saturadas, hacer ejercicio regularmente, no beber alcohol ni fumar. Además de _____	**(IV)** se debería tener en cuenta la subida de las pensiones y el aumento de dos meses del permiso de paternidad.

9 **¿Qué más podemos añadir?** Desarrolla las siguientes clasificaciones y añade la información final adicional que te parezca oportuna utilizando *además de* + *etiqueta* o *junto a* + *etiqueta*. Fíjate en el ejemplo.

(a) Recomendaciones sobre salud mental:

1) Descansar; 2) no estresarse ni preocuparse; 3) tener sentido del humor; 4) hacer ejercicio y comer bien.

Para disfrutar de una buena salud mental es importante seguir algunas recomendaciones. En primer lugar, duerme, al menos, siete horas diarias. En segundo lugar, evita el estrés y las preocupaciones. No tengas prisas ni te obsesiones con tus problemas. En tercer lugar, ejercita tu sentido del humor, de nada sirve amargarse cuando las cosas no salen como queremos. Finalmente, haz ejercicio y come de manera saludable, como decían los romanos: "mens sana in corpore sano". **Además de estos consejos**, *no olvides cuidar de tus amigos y familiares, pues ellos son los pilares de tu vida emocional.*

(b) Características de las personas tóxicas:

1) Solo piensan en sí mismas; 2) son pesimistas; 3) tienen celos de los demás.

(c) Experiencias que todos deberíamos vivir:

1) Adoptar una mascota; 2) vivir en un país extranjero; 3) superar un miedo.

(d) Consejos para dejar de fumar:

1) Elige una fecha para empezar; 2) tira todos los objetos relacionados con el tabaco; 3) pide ayuda a tu farmacéutico.

Otros conectores para añadir y enfatizar la información: *por si fuera poco* y *por si no fuera bastante*

Por si esto fuera poco y **por si esto no fuera bastante** son intercambiables y equivalen a **encima:** enfatizan la información que añaden y se utilizan en contextos subjetivos.

> Cuando llueve o nieva mucho, las carreteras de acceso a San José son intransitables y los trenes tampoco pueden circular. **Por si esto fuera poco/Por si esto no fuera bastante,** la ciudad no cuenta con un aeropuerto internacional, de modo que, cuando hay temporales, nos quedamos completamente incomunicados.

También existen las variantes sin pronombre: **por si fuera poco/por si no fuera bastante.**

> Cuando llueve o nieva mucho, las carreteras de acceso a San José son intransitables y los trenes tampoco pueden circular. **Por si fuera poco/Por si no fuera bastante**, la ciudad no cuenta con un aeropuerto internacional, de modo que, cuando hay temporales, nos quedamos completamente incomunicados.

Al igual que **encima** y **para colmo**, estos conectores se pueden utilizar en situaciones informales, pero, además, también podemos utilizarlos en situaciones formales.

10 **¡Ojo con el registro!** Fíjate si el registro de los siguientes ejemplos es formal o informal y, dependiendo de ello, cambia, cuando sea adecuado, **por si fuera poco/por si no fuera bastante** por **encima** y/o **para colmo**.

(a) Es una bebida muy saludable, llena de vitaminas y minerales. Por si fuera poco, tiene un precio muy asequible.

(b) No da palo al agua y se pasa el día tirado en la cama jugando a los videojuegos. Y, por si no fuera bastante, quiere que le suba la paga. ¡No te digo!

(c) Me han bajado el sueldo y reducido las dietas. No solo eso, por si fuera poco, me han pedido que trabaje horas extras sin cobrar.

(d) Estoy cabreado porque has llegado tarde y, por si no fuera bastante, no has traído el libro que teníamos que devolver a la biblioteca. La verdad, no sé para qué has venido.

11 **Poeta por un día.** (Audio 4) Escucha estos versos que narran una historia de príncipes y princesas. Fíjate en los conectores para añadir información que

utilizan los diferentes personajes y rellena la tabla. Luego reflexiona sobre el registro utilizado por cada personaje.

La princesa	El rey	La reina
encima		

12 **"Y fueron felices y comieron perdices"**. Esta es la última frase de los cuentos que terminan bien. Vuelve a escuchar el poema y presta atención a la historia que cuenta. ¿Qué pasará después? Escribe una estrofa sobre el príncipe Leonardo. Decide si quieres ser formal y hablar por boca del rey o ser informal y hablar como si fueras la princesa. Puedes utilizar la información que te presentamos a continuación. No olvides adaptarte al registro e incluir en tu estrofa algún conector para añadir información.

- Come y bebe con mesura
- Es un orador exquisito
- Educado y galante
- Cabello largo y bonito
- Una delgada cintura
- Una postura elegante
- Un caballo muy flamante
- Un hombre de pelo en pecho
- No es un hombre contrahecho
- Un maestro en la pintura
- Una espada con diamante
- Destaca por su bravura
- Guarda bien la compostura

Conectores para añadir comentarios espontáneos: *por cierto, a propósito y otra cosa*

Los conectores **por cierto (que)**, **a propósito** y **otra cosa** sirven para añadir de forma espontánea un comentario que no guarda completa relación con el tema anterior. **A propósito** es el más formal de los tres y **otra cosa** el que marca una mayor ruptura temática.

Estos conectores los utilizamos cuando estamos hablando y cambiamos ligeramente el tema de conversación porque, de repente, hemos recordado algo. También son muy útiles para interrumpir a nuestro interlocutor con una idea que sus palabras nos han recordado. En estos casos, si queremos ser aún más eficaces, podemos utilizar las formas: **oye, por cierto** u **otra cosa.**

– Ayer fui a empastarme una muela.

– **Oye, por cierto,** dame el número de teléfono de tu dentista, que el mío se ha jubilado.

13 **La ocasión la pintan calva.** Para conseguir lo que uno quiere de los padres es preciso aprovechar las ocasiones en las que estos no pueden decir que no, y hacerlo, como quien no quiere la cosa. Lee la conversación de este señor con su vecino y coloca las interrupciones de su hijo en el lugar adecuado.

(a) Hijo: Oye, otra cosa, papá, necesito que me des dinero para la excursión de mañana.

(b) Hijo: Por cierto, papá, que mi mochila del cole lleva rota desde el principio de curso y necesito otra nueva.

(c) Hijo: Por cierto, que yo también me voy a caer de la bici si no me pones los ruedines, papá.

(d) Hijo: Oye, papá, yo también tengo que pintar y necesito colorines nuevos.

Padre: La verdad es que tiene usted razón, tenemos que pintar la valla, que ya está muy cochambrosa.

(i) _____

Padre: Cállate, niño, no me interrumpas... como le decía, la valla está muy mal. Además, tendríamos que pedir al ayuntamiento que nos cortara ese árbol, que cualquier día se va a caer encima de nuestras casas.

(ii) _____

Padre: No digas tonterías y deja ya de interrumpir. Pues eso, que es muy peligroso, por no hablar de esa farola que lleva rota ya tres meses...

(iii) _____

Padre: ¿No tienes otra cosa que hacer, niño? Pues sí que estamos buenos. En fin, vecino, ¿qué me dice usted de la situación financiera por la que estamos pasando?

(iv) _____

14 **Escucha y dibuja.** (Audio 5) Escucha la entrevista a un vecino de Moralejas que dice que ayer aterrizó un extraterrestre en su huerto. A partir de su descripción, dibuja al extraterrestre con la mayor precisión que puedas. Fíjate en cómo el entrevistador y el entrevistado utilizan las palabras clave de este capítulo, pues en la próxima actividad, tendrás que utilizarlas tú.

15 **Damos paso a don Pablo Picasso.** Imagina y dibuja con muchos detalles tu propio extraterrestre. Luego, escribe su descripción. En tu descripción puedes

ser formal o informal, como prefieras (¡pero no las dos cosas a la vez!). Procura utilizar todas las expresiones para añadir información que puedas. Luego, sin enseñar tu dibujo, lee tu descripción a toda la clase, que debe dibujar lo que escucha. ¿Quién ha hecho el dibujo más parecido al original?

16 **Antes de terminar.** Ve al glosario y comprueba que conoces las palabras clave de este capítulo.

17 **¿Te acuerdas de los ninis?** Pues llegó la hora de los *sisis*. ¿Sabes quiénes son? Busca información sobre este tema y escribe una redacción sobre ellos, explicando quiénes son y por qué se llaman así. Intenta utilizar las palabras clave de este capítulo, te serán muy útiles para añadir detalles sobre estos jóvenes.

Capítulo 6

Algo parecido ocurrió ayer. Palabras para comparar y contrastar

Las personas de la viñeta contrastan y comparan las decoraciones de su oficina con ayuda de las palabras destacadas. El conector **en cambio** es el más frecuente para expresar oposición con la frase anterior. El adjetivo **parecido** sirve para comparar dos cosas semejantes, como los adjetivos **igual** o **similar.** También hay adjetivos que sirven para señalar una oposición, como **opuesto** o **diferente.**

1 **Antes de empezar.** Ve al glosario y fíjate en las palabras clave de este capítulo. ¿Las conoces todas? Haz las anotaciones que consideres pertinentes (significados, posibles traducciones y usos que conozcas). Si no comprendes alguna palabra, no te preocupes y déjala en blanco. Cuando termines este capítulo, sabrás utilizarlas todas.

2 **Corazón, corazón.** En el siguiente artículo y en los comentarios de los lectores, hay varios adjetivos que se usan para comparar. Subráyalos y clasifícalos en la tabla según señalen oposición o semejanza. Ten en cuenta que hay varios repetidos. Si conoces otros adjetivos equivalentes, puedes añadirlos en la tabla.

MODELITOS IGUALES, PRECIOS DIFERENTES

¡Las redes sociales están que arden! Ayer un perfil de Instagram publicó unas fotos de un conjunto de la marca Tinelli casi idéntico a otro de una marca diferente.

Todo ocurrió cuando la hija de Marcelo Tinelli presentó su nueva colección de ropa, mostrando algunas prendas que resultaron ser muy parecidas a las de otra marca internacional. El escándalo no se hizo esperar, pues enseguida aparecieron en las redes sociales varias imágenes en las que se podía comprobar que algunos modelos de la línea de Cande Tinelli eran prácticamente idénticos a los de otras marcas. Las imágenes han sido comentadas por muchos usuarios de la red social, como Nanainseul, quien ha mostrado que uno de los tops de Forever 21 es muy parecido al de la marca de Tinelli.

Lo que más se ha comentado entre el público es la diferencia de precios entre las marcas. Uno de los críticos, Pasandorevista, escribió: "Modelitos iguales, pero precios diferentes... #pasandorevista". A su comentario siguieron muchos otros que compartían la misma opinión, ya que pensaban que, en efecto, los modelos de Tinelli son completamente idénticos a los de otras conocidas firmas de ropa.

Comentarios

JULIA_BUENOSAIRES: Los precios son muy distintos porque la tela tampoco tiene la misma calidad.

MIGUEL_27: Yo he visto los dos modelitos y creo que las telas son bastante similares.

LOLA_LOLITA_LOLA: Aunque Julia y Miguel tienen opiniones completamente opuestas sobre la calidad de la tela, yo creo que lo realmente importante es saber si Cande ha copiado el diseño intencionadamente.

MIGUEL_27: No sé si ella tenía la intención de copiar el diseño de Forever21, pero el resultado es que los dos modelitos son exactamente iguales.

Oposición	Semejanza
diferente	*idéntico*

3 **Combinaciones frecuentes.** Los adjetivos que acabamos de ver van frecuentemente acompañados de las palabras que te presentamos a continuación: **casi** igual, **muy** diferente, etc. Completa los huecos fijándote en el texto de la actividad anterior.

(a) MUY: muy diferente, muy _____, muy _____, muy _____

(b) BASTANTE: bastante diferente, bastante parecido, bastante _____

(c) CASI: casi igual, casi _____

(d) PRÁCTICAMENTE: prácticamente _____
(e) EXACTAMENTE: exactamente _____
(f) COMPLETAMENTE: completamente diferente, completamente distinto, completamente igual, completamente _____, completamente _____

Mismo/a y mismos/as

Cuando acompaña a un nombre, **mismo** funciona como un adjetivo que significa "idéntico o exactamente igual", y lo utilizamos con dos construcciones diferentes.

Carmen y Cristina viven en la **misma** ciudad.

Carmen vive en la **misma** ciudad **que** Cristina.

Cuando está claro con qué comparamos, no es necesario decir el segundo término de la comparación, porque se sobreentiende:

Yo tengo el **mismo** problema (que tú).

Mismo también puede funcionar como un pronombre y, entonces, no acompaña a un sustantivo. Fíjate en los siguientes ejemplos:

Le he comprado a Carmen estas gafas preciosas. Qué mala suerte, yo le compré **las mismas** (gafas).

Le he comprado a Carmen esta falda tan bonita. Qué mala suerte, yo le he comprado **la misma** (falda).

Le he comprado a Carmen unos pantalones verdes. Qué mala suerte, yo le he comprado **los mismos** (pantalones).

Le he comprado a Carmen este jersey de lana. Qué mala suerte, yo le he comprado **el mismo** (jersey).

4 **¿Somos compatibles?** Completa con la forma adecuada (**el/la mismo/a** o **los/las mismos/as**) el mensaje que le acaba de escribir Julieta a su cita de ayer, Teresa. Luego, imagina que eres Teresa y contesta a Julieta, utilizando **mismo** y otros adjetivos para comparar o contrastar.

Ha sido un placer conocerte, Teresa. Ayer lo pasé estupendamente contigo en el restaurante. Después de haber hablado de todo un poco, estoy convencida de que somos muy compatibles, pues compartimos *las mismas* aficiones. Hasta ahora nunca había conocido a nadie con _____ carácter que el mío, ni siquiera parecido. Tenemos exactamente _____ intereses, y no me puedes negar que eso es extraño. Nos gusta _____ ropa, _____ tipo de música, _____ libros, _____ películas, e incluso, _____ vino. ¡Me llamó la atención que pidieras un albariño con el pescado, pues es mi vino favorito!

Un abrazo y espero que nos volvamos a ver muy pronto,

Julieta

Lo mismo (que) y lo contrario (que)

Lo mismo equivale a "la/s misma/s cosa/s o la misma cantidad" y puede usarse con dos construcciones diferentes: **lo mismo** y **lo mismo que.**

Hoy he comido chuleta de cordero. ¡Qué casualidad! Yo he comido **lo mismo**.

Hoy he comido **lo mismo que** tú.

Me he comprado un coche de segunda mano por 2000 euros. ¡Qué ganga! Mi ordenador me costó **lo mismo.**

Me he comprado un coche de segunda mano por 2000 euros. ¡Qué ganga! Te costó **lo mismo que** mi ordenador.

Lo contrario se utiliza para contrastar y equivale a "la/s cosa/s contraria/s". Puede usarse en dos construcciones diferentes:

Marina piensa que no es un buen momento para comprar una casa, porque los precios van a bajar. Yo opino **lo contrario**, tenemos que comprar cuanto antes. El precio de la vivienda nunca baja.

Marina piensa que no es un buen momento para comprar una casa, porque los precios van a bajar. Yo opino **lo contrario que** ella, tenemos que comprar cuanto antes. El precio de la vivienda nunca baja.

5 **¿Lo mismo o lo contrario?** Completa los espacios con **lo mismo (que)** o **lo contrario (que)** según sea el caso. Fíjate en el ejemplo.

(a) Hay un dicho en latín que dice que si quieres la paz debes preparar la guerra "*si vis pacem, para bellum*", pero yo opino *lo contrario*, que para conseguir la paz es necesario dejar de luchar.

(b) Un buen comunicador empatiza con su audiencia, guarda silencio cuando es necesario y se expresa con claridad. Rubén hacía todo _____. Gritaba a sus invitados y era desagradable con ellos. Encima, apenas se le entendía lo que decía.

(c) María le dijo a su hermano que si no cambiaba de actitud no volvería a ir a su casa. Yo opino exactamente _____ ella, su actitud es inadmisible.

(d) Antes de extinguirse, una especie pierde mucha diversidad genética porque el último grupo de supervivientes tiene, normalmente, fuertes lazos familiares. Sorprendentemente, una investigación sobre la extinción de los dodos muestra _____.

(e) Carmen me ha dicho justamente _____ tú, de manera que no sé a quién de los dos creer.

(f) Julián es un hombre bueno y educado. Justo _____ vosotros, que sois una gentuza.

(g) La primera vez que visité el museo del Prado se me pusieron los pelos de punta. Hoy en el museo de Orsay me ocurrió _____. Te recomiendo que lo visites.

Conectores para contrastar: *mientras que, en cambio, por el contrario* y *sin embargo*

Para conectar dos informaciones opuestas podemos utilizar los conectores **mientras que, en cambio** o **por el contrario.**

En cambio y **por el contrario** son muy parecidos. Contrastan informaciones que aparecen en dos oraciones diferentes o en una misma oración. Ahora bien, también tienen algunas diferencias: **por el contrario** es un poco más formal y propio de la escritura y **en cambio** puede utilizarse tanto cuando hablamos como cuando escribimos. Los dos se escriben entre comas o seguidos de una coma y tras un punto. Fíjate en los ejemplos.

> Miguel siempre viene a clase, hace los deberes, sabe trabajar en equipo y ayuda a sus compañeros. Marta, **en cambio/por el contrario**, apenas aparece por clase, nunca entrega los deberes y siempre evita hablar con sus compañeros.

> Juan lo sabía todo, **en cambio/por el contrario**, Marta no sabía nada.

El uso de **por el contrario** es más limitado que el de **en cambio. Por el contrario** señala una oposición más fuerte. Solo puede utilizarse cuando hay una verdadera contraposición o contradicción entre los dos miembros que une. Fíjate en los ejemplos.

> Estas vacaciones viajé a Buenos Aires. María, **en cambio/~~por el contrario,~~** fue a Bogotá.

> Estas vacaciones viajé a Buenos Aires. María **en cambio/por el contrario,** se quedó en casa.

Mientras que, a diferencia de **en cambio** y **por el contrario**, no se escribe entre comas ni puede conectar dos oraciones separadas por un punto.

> Óscar siempre viene a clase y hace los deberes, **mientras que** Marta apenas aparece por clase y nunca ha entregado los deberes.

> **Mientras que** Óscar siempre viene a clase y hace los deberes, Marta apenas aparece por clase y nunca ha entregado los deberes.

Óscar siempre viene a clase, hace los deberes, sabe trabajar en equipo y ayuda a sus compañeros siempre que puede. Marta, ~~mientras que~~, apenas aparece por clase, nunca ha entregado los deberes y siempre evita hablar con sus compañeros.

Por último, el conector **sin embargo** también se puede utilizar para contrastar:

Estas vacaciones viajé a Buenos Aires. María, **sin embargo**, fue a Bogotá.

Estas vacaciones viajé a Buenos Aires. María, **sin embargo**, se quedó en casa.

Sin embargo tiene, además, otras funciones. Volveremos a verlo en el próximo capítulo.

6 **Las normas de la casa.** Completa las siguientes afirmaciones con los conectores **mientras que, en cambio** y **por el contrario.**

  (a) Los conectores _____ pueden contrastar informaciones dentro de una única oración o de dos oraciones separadas por un punto.
  (b) El conector _____ contrasta dos informaciones que aparecen dentro de una misma oración.
  (c) El conector _____ es formal y lo utilizamos más cuando escribimos.
  (d) El conector _____ señala una oposición más fuerte que _____

7 **Mide el grado de oposición para elegir cada opción.** Completa las continuaciones alternativas de los siguientes ejemplos con **en cambio** o **por el contrario.**

  (a) La leche me gusta mucho...

    (i) _____, el café no me gusta tanto.
    (ii) _____, odio el café.

  (b) Miguel tiene un hermano...

    (i) Yo, _____, tengo dos.
    (ii) Yo, _____, soy hijo único.

  (c) En Madrid se prevén temperaturas por encima de los cuarenta grados.

    (i) _____, en Reino Unido va continuar el frío.
    (ii) En Barcelona, _____, las temperaturas no van a ser tan altas.

  (d) El chocolate es uno de los alimentos que más gusta a los niños.

    (i) _____, la fruta les gusta un poco menos.
    (ii) _____, aborrecen las verduras.

  (e) A mi hermano le encanta coleccionar bichos del campo.

    (i) A mí, _____, los bichos me dan igual.
    (ii) A mí, _____, los bichos me dan repelús.

8 **Lo que te pierdes por llegar tarde...** Observa la siguiente viñeta. Hemos llegado tarde y no sabemos qué ha dicho antes la señora de la taza. Sin embargo, podemos adivinar que ha sido algo así como *Mi hijo es el más bajito de la clase*. Fíjate en los conectores de los siguientes ejemplos y adivina lo que se ha dicho antes.

(a) – *Me encanta el arte barroco del siglo XVII y XVIII, especialmente Caravaggio, Rembrandt, Rubens y Velázquez.*

– Yo, en cambio, prefiero el arte contemporáneo.

(b) – _____

– En cambio, mi hijo no quiere salir nunca de casa.

(c) – _____

– Yo, por el contrario, lo odio. Siempre me encuentro con atascos.

(d) – _____

– A mí, en cambio, el humo del tabaco me molesta muy poco.

(e) – _____

– A mí, en cambio, me gusta con leche y con mucho azúcar.

9 **Estira la frase.** Utiliza **en cambio** o **por el contrario** para dividir estas oraciones en dos y ampliarlas todo lo que puedas. Recuerda que siempre puedes utilizar **en cambio** y que cuando la oposición es total, también puedes utilizar **por el contrario**. Añade cualquier información que te parezca, aunque no sea cierta. Fíjate en el ejemplo.

(a) Juan es un mentiroso, mientras que Julia siempre dice la verdad.

Juan no para de decir mentiras, ayer me dijo que había salido con Emma Stone y la semana pasada me contó que su verdadero padre era Sylvester Stallone. Julia, en cambio, es una chica muy sincera, siempre dice la verdad y nunca le he pillado una mentira.

(b) Unos quieren que el club se disuelva y otros quieren permanecer unidos.

(c) Julián opina que todos los establecimientos deberían cobrar las bolsas de plástico, mientras que Marina opina lo contrario.

(d) Hoy va a hacer bueno, pero mañana se va a estropear.

(e) Yo prefiero comprar comida ecológica, pero mi marido prefiere ahorrar dinero.

10 **Descubre las diferencias.** Busca las ocho diferencias entre estos dos dibujos y escribe las oraciones que las describen. Utiliza las palabras clave que hemos aprendido para hablar de las diferencias que descubras. Fíjate en el ejemplo.

El ratón de la derecha tiene dos manos, mientras que el de la izquierda tiene solo una.

Contrastar y comparar con etiquetas

También podemos construir contrastes y comparaciones entre oraciones mediante pronombres neutros o etiquetas que acompañan a verbos como **coincidir con, compartir, contrastar con, oponerse a** o **parecerse a.** Fíjate en los ejemplos.

Los periódicos de ayer afirmaban que el país estaba completamente paralizado y que los manifestantes habían tomado las calles. Esta situación **contrasta con/ se parece a** lo que nos encontramos cuando visitamos el país el año pasado.

La rectora opina que, si los precios de la matrícula siguen aumentando, el número de alumnos caerá drásticamente. Los profesores **coinciden con/ comparten/se oponen a** este análisis.

También podemos construir contrastes con etiquetas gracias a los adjetivos que vimos en la primera parte de este capítulo: **similar**, **diferente**, **igual…** Fíjate en el ejemplo.

Los periódicos de ayer afirmaban que el país estaba completamente paralizado y que los manifestantes habían tomado las calles. Esta situación es muy **diferente/parecida a** lo que nos encontramos al llegar.

11 **Lanza una flecha y completa los huecos.** Completa los huecos de la primera columna con las etiquetas que te ofrecemos. Luego, relaciona los ejemplos de las dos columnas y rellena los huecos de la segunda columna con las palabras clave para comparar y contrastar que te presentamos a continuación.

1ª columna: Estas sensaciones • La historia • Todo esto • Esta información
2ª columna: distinta • parecida • diferentes • contrasta

(a) La novela *Inutilidad*, escrita en 1898 por M. Robertson, narra cómo un lujoso transatlántico llamado "Titan" naufraga en su viaje inaugural tras chocar contra un iceberg. *La historia*	**(I)**... es sorprendentemente *parecida* a la desgracia del Titanic, que ocurriría 14 años después.
(b) Cuando leemos una novela siempre sentimos curiosidad y, a veces, también tristeza, alegría, rabia o, incluso, vergüenza ajena. _____	**(II)**... es _____ a la que aportaron los vecinos, que dijeron que la alarma había sonado media hora más tarde.
(c) Según la compañía de seguros, la alarma sonó a las cuatro de la tarde. _____	**(III)**... _____ con la tristeza y desolación de los pueblos de la montaña.
(d) Las calles de los pueblos costeros están llenas de ruido y vida. En las aceras, cada dos o tres metros nos encontramos con puestos ambulantes que venden frutas, pescado frito o ropa. Además, cuando hablas con la gente, muchos se muestran orgullosos de su pueblo. _____	**(IV)**... son muy _____ a las que sentimos cuando leemos, por ejemplo, una oferta de trabajo.

12 **Lo que las etiquetas esconden.** Subraya las etiquetas y rellena los huecos con una oración que mantenga la coherencia. Fíjate en el ejemplo.

(a) *El concejal dijo que se debían subir los impuestos a los ricos.* Estas ideas contrastan con las de su partido.

(b) _____ Esas opiniones se parecen a las tuyas. No me extraña, porque tu hermano y tú siempre estáis defendiendo el medio ambiente.

(c) _____ Esa descripción coincide con las de las otras víctimas, ese anciano ha tenido que ser el culpable.

(d) _____ Coincido con ese argumento. Si no hacemos algo pronto, muchas especies van a desaparecer.

(e) _____ Esas son las mismas palabras que usó para defenderte cuando habló con la policía. Seguimos sin creérnoslas.

13 **Las comparaciones son odiosas.** (Audio 6) Escucha la conversación de unos amigos que comparan dos razas de perros. Luego, rellena la tabla con las características (similares o diferentes) de esas dos razas. Para terminar, a partir de la tabla, escribe un párrafo en el que compares las dos razas. Fíjate en las expresiones para comparar que se utilizan en el audio, pues pueden ser útiles para tu redacción.

Bulldog	Chihuahua
Se adaptan bien a vivir en pisos Son grandes	Se adaptan bien a vivir en pisos Son pequeños

14 **Cuestión de lógica.** Fíjate en este enigma y soluciónalo. Después, en grupos, presentad otros enigmas para que los adivinen vuestros compañeros. No olvidéis usar las expresiones que hemos visto en el capítulo.

Estos dos objetos tienen **la misma** función, pues **los dos** sirven para descansar, pero también se **diferencian** en algunos aspectos. **Mientras que** uno de ellos suele ser bastante cómodo, el otro no lo es tanto y, al cabo de un rato, cansa. Además, tienen tamaños **diferentes**, ya que uno es más grande que el otro y tiene plazas para más personas. En uno te puedes tumbar y quizás por eso sea más cómodo. Uno de ellos suele estar en los salones de la casa, el otro, **en cambio**, puede encontrarse en cualquier habitación; casi siempre, allá donde esté una mesa.

15 **Antes de terminar.** Vuelve al glosario y comprueba que las anotaciones que hiciste eran acertadas. Amplía tus notas e incluye las correcciones que consideres necesarias.

16 **¿Te acuerdas de la ropa de imitación?** Vuelve a leer el texto de la segunda actividad sobre el parecido entre los modelos de dos marcas diferentes. Luego, piensa en un producto o un artista que consideres que es una imitación o, al menos, que se inspira en un producto o artista original. A continuación, escribe un breve artículo planteando los parecidos y las diferencias entre la imitación y el original. Te serán muy útiles todas las palabras clave que has aprendido en este capítulo. Utilízalas.

Sin embargo, es más fácil de lo que parece. Palabras para expresar concesiones y cortraargumentaciones

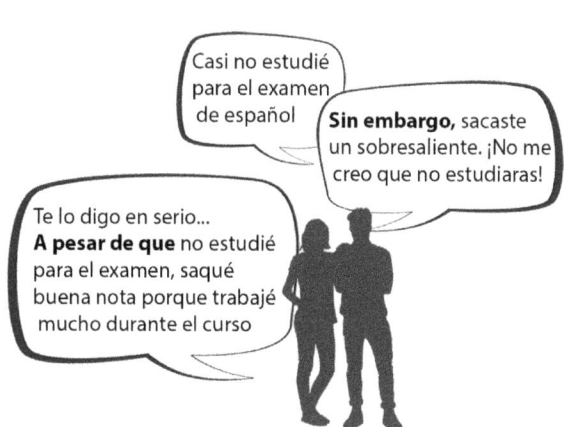

Los conectores destacados en la viñeta, **sin embargo** y **a pesar de que**, conectan obstáculos con conclusiones que no esperamos.

> No estudiar para un examen (obstáculo) → Sacar buena nota (conclusión no esperada).

Aunque se parecen, estos conectores se diferencian de los del capítulo anterior (por el contrario o en cambio), que proponían contrastes explícitos: sacar buena nota vs. sacar mala nota; estudiar mucho vs. estudiar poco.

1 **Antes de empezar.** Ve al glosario y fíjate en las palabras clave de este capítulo. ¿Las conoces todas? Haz las anotaciones que consideres pertinentes (significados, posibles traducciones y usos que conozcas). Si no comprendes alguna palabra, no te preocupes y déjala en blanco. Cuando termines este capítulo, sabrás utilizarlas todas.

2 **Encaja las frases.** Coloca las siguientes frases de la biografía de Cervantes en el número adecuado. Fíjate en que las frases empiezan con conectores contraargumentativos, por lo que tienen que incluir ideas que no esperaríamos a partir de la información de la oración anterior.

(a) Sin embargo, para Cervantes, *El Quijote* no era su mejor libro, ya que él prefería su última novela: *Los trabajos de Persiles y Sigismunda*.

(b) Sin embargo, en vida no tuvo tanto éxito como otros escritores de la época.

(c) A pesar de esta desgracia, Cervantes nunca se arrepintió de haber luchado en el frente, y siempre se mostró muy orgulloso de esta hazaña.

---

(1) Miguel de Cervantes Saavedra, el conocido escritor del *Quijote*, es, sin lugar a dudas, la figura más importante de la literatura española. (2) Cervantes nació en la ciudad de Alcalá de Henares en 1547. (3) Cuando era muy joven se trasladó a Italia, donde se alistó como soldado para participar en la batalla de Lepanto, que enfrentó a turcos y cristianos. (4) En esta batalla, Cervantes perdió la movilidad de un brazo, motivo por el cual, también se le conoce como *El manco de Lepanto*. (5) La vida de Cervantes no fue fácil. (6) Al regresar a la península, fue capturado y llevado a Argel, donde estuvo esclavizado durante cinco años. (7) Cuando consiguió regresar a España, trabajó como cobrador de impuestos, lo que también le provocó numerosos problemas. (8) Fue excomulgado por intentar cobrar a la Iglesia, y encarcelado por robar impuestos. (9) Según sus palabras, en prisión "engendró" *El ingenioso hidalgo don Quijote de la Mancha*, que es considerada una obra maestra y la primera novela moderna. (10)

Sin embargo y no obstante

Los conectores **sin embargo** y **no obstante** introducen contraargumentaciones: informaciones con las que no esperaríamos encontrarnos a partir de la información previa. Es decir, estos conectores anuncian una desviación de la línea argumentativa natural, que se mantiene como conocimiento implícito.

Dijo que no estaba de acuerdo con su jefe. **No obstante/Sin embargo** le obedeció a pies juntillas. (Conocimiento implícito: Si no estás de acuerdo, es normal desobedecer).

Sin embargo es uno de los conectores más usados en español y aparece en todo tipo de textos: hablados, escritos, formales e informales. En el capítulo anterior ya señalamos que podía usarse para contrastar, pero, además y sobre todo, sirve para contraargumentar. **No obstante**, por el contrario, solamente puede señalar contraargumentaciones, por lo tanto no sirve para contrastar. Además, está limitado a textos escritos o formales.

CONTRAARGUMENTACIÓN: Dijo que no estaba de acuerdo con su jefe. **No obstante/Sin embargo/En cambio** le obedeció a pies juntillas. (Conocimiento implícito: Si no estás de acuerdo, es normal desobedecer).

CONTRASTE: En la Edad Media los europeos apenas exploraron el mundo más allá de sus fronteras. **Sin embargo/En cambio/No obstante**, los árabes exploraron África y el suroeste asiático, y se interesaron por las obras de geógrafos griegos y romanos. (En los contrastes no es necesario conocimiento implícito).

Aunque se parecen a **pero**, tanto **sin embargo** como **no obstante** conectan frecuentemente dos oraciones independientes (separadas por un punto). Este uso no es habitual para **pero**, que suele funcionar dentro de una única oración.

3 **Las normas de la casa.** Después de leer la explicación anterior, completa las siguientes afirmaciones con **sin embargo** y/o **no obstante.**

   (a) _____ sirve para contrastar y contraargumentar.
   (b) _____ no sirve para contrastar.
   (c) _____ se utiliza exclusivamente en textos formales.
   (d) _____ unen frecuentemente informaciones de dos oraciones independientes separadas por un punto.

4 **Adivina de qué va la cosa.** Escribe el conocimiento implícito que es necesario para conectar las dos oraciones. Fíjate en el ejemplo.

   (a) Es mi suegra y, sin embargo, la quiero mucho.

   Conocimiento implícito: es normal odiar a las suegras.

   (b) Dentro de un mes, este coche costará un 20 % menos, sin embargo, lo voy a comprar hoy.
   (c) Ya hemos superado la crisis económica. No obstante, aún no es sensato aumentar el gasto público.
   (d) La abuela tiene noventa años, pero está en muy buena forma.
   (e) Mi vecina tiene dos carrearas universitarias, un máster y habla tres idiomas. Sin embargo, no tiene trabajo.
   (f) Miguel de Cervantes es conocido como el manco de Lepanto; no obstante, nunca le cortaron el brazo.

5 **Pero ¡qué me dices! Sin embargo** y **pero** pueden utilizarse en situaciones formales e informales. En cambio, utilizamos **no obstante** exclusivamente en textos formales y escritos. Fíjate en el registro de los siguientes ejemplos y señala aquellos en los que podrías sustituir **pero** o **sin embargo** por **no obstante.**

   (a) Pepe no tiene ninguna gracia porque es muy soso, sin embargo, a mí me gusta un montón.
   (b) Correr es un ejercicio muy saludable y gratificante. Sin embargo, conlleva algunos riesgos que las personas de la tercera edad deberían valorar.
   (c) Mi novia me ha dejado, pero no me importa, hartito me tenía.
   (d) Estoy hecho polvo y no tengo ganas de hacer nada, pero voy a ir a tu casa, para que no te cabrees conmigo.

(e) Tras la guerra, el nuevo Gobierno cerró las fronteras. Sin embargo, algunos intelectuales consiguieron exiliarse.

6 **Termina la frase de manera sorprendente.** Para ello, piensa en lo opuesto a lo que esperarías en cada situación. No olvides conjugar correctamente los verbos que utilices.

(a) Siguió la dieta a rajatabla y fue al gimnasio todos los días. Sin embargo,... (*¿adelgazar o engordar?*)

...engordó más de diez kilos en un mes.

(b) Ha robado en la farmacia, en el supermercado e incluso en la iglesia. Para colmo, le han pillado con droga en varias ocasiones. Sin embargo,... (*¿meterlo en la cárcel o dejarlo en libertad?*)

(c) Tenía una buena coartada, no encontraron el arma del crimen y nadie testificó en su contra. No obstante,... (*¿declararlo culpable o declararlo inocente?*)

(d) Dejó su trabajo y gastó mucho dinero en el juego, pero... (*¿arruinarse o no arruinarse?*)

(e) Le diagnosticaron un cáncer terminal y le dieron seis meses de esperanza de vida. No obstante,... (*¿morir o seguir vivo después de veinte años?*)

7 **Tira y afloja.** Transforma los ejemplos que te ofrecemos a continuación en dos frases independientes y amplíalas todo lo que puedas. Para ello, utiliza los conectores **sin embargo** o **no obstante**. Fíjate en el ejemplo.

(a) Juan es inteligente pero tonto.

Juan es muy inteligente porque siempre saca buenas notas y sabe mucho sobre cualquier tema. Creo, sin embargo, que es un poco tonto porque no utiliza su inteligencia para tener éxito.

(b) Tengo muchos amigos en *Facebook*, pero me siento solo.

(c) La compañía mejoró mucho sus resultados económicos, pero tuvo que cerrar.

(d) He comprado un televisor carísimo, pero no tengo tiempo para ver la tele.

(e) El candidato tiene un currículum excelente, pero no le vamos a contratar.

A pesar de y pese a

A pesar de (que) y **pese a (que)** son equivalentes entre sí y, al igual que **aunque,** presentan obstáculos más débiles que **pero, sin embargo** y **no obstante.** Fíjate en las dos respuestas de la viñeta.

Para las personas de la viñeta, el principal obstáculo para ir al concierto es su precio elevado. Sin embargo, y aunque la diferencia es sutil, es probable que la chica vaya al concierto y que el chico no vaya. Es decir, **pero** o **sin embargo** introducen obstáculos más importantes que **a pesar de**. Tanto es así, que cuando **sin embargo** introduce un obstáculo, este obstáculo se entiende como una conclusión implícita inesperada. En el caso de la viñeta: *no iré al concierto*.

A pesar de y **pese a** van seguidos de **que** cuando la continuación incluye un verbo conjugado; si sigue un infinitivo o un nombre, no van seguidos de **que:**

> **A pesar de** no contar con autorización del Parlamento, el Gobierno firmó la declaración de guerra.

> **Pese al** dolor de cabeza, disfruté mucho del concierto.

Al igual que **aunque**, **a pesar de (que)** y **pese a (que)** pueden aparecer al principio de la oración o en el medio, pero al principio son mucho más frecuentes:

> **Pese a que** no tiene trabajo ni dónde caerse muerto, se muestra optimista y está siempre de buen humor.

> Se muestra optimista y está siempre de buen humor, **pese a que** no tiene trabajo ni dónde caerse muerto.

8 **Las normas de la casa.** Completa las siguientes afirmaciones con **a pesar de**, **a pesar de que** y/o **sin embargo.**

(a) _____ introducen un obstáculo que es superado.

(b) _____ introduce un obstáculo tan importante que se entiende como una conclusión implícita inesperada.

(c) _____ se utiliza cuando la frase que introduce tiene un verbo conjugado.

(d) _____ se utiliza cuando va seguido de un infinitivo o un nombre.

9 **¿A quién eliges?** Lee los siguientes diálogos y rellena el hueco con el nombre de la persona adecuada. Recuerda que **a pesar de** y **pese a** introducen obstáculos menos importantes que los que introduce **sin embargo.** Fíjate en el ejemplo.

(a) Andrea: ¿Os vais a comprar el libro?

Fátima: A pesar de que no tengo mucho dinero, lo necesito para mis clases.
Esteban: Lo necesito para mis clases, sin embargo, no tengo mucho dinero.

→ Probablemente, *Fátima* va a comprar el libro.

(b) Jorge: A ver, ¿vais a salir con Marcos? ¿Sí o no?

Marta: A pesar de que es muy tonto, me gusta un poco.
Luisa: Me gusta un poco, sin embargo es muy tonto.

→ Probablemente, _____ salga con Marcos.

(c) Jaime: ¿Creéis que el presidente lo está haciendo bien?

Rocío: Pues... el paro ha aumentado mucho. Sin embargo, ha hecho muchas cosas buenas.
María: Bueno, a pesar de que ha hecho muchas cosas buenas, el paro ha aumentado mucho.

→ _____ piensa que el presidente lo está haciendo bien.

10 **Estos obstáculos no me pararán.** Escribe los obstáculos que faltan en los siguientes ejemplos. No olvides añadir "que" cuando sea necesario, y recuerda que los obstáculos que introducen **a pesar de** o **pese a** nunca son tan importantes como para impedir la acción principal. Fíjate en el ejemplo.

(a) A pesar de *que hubo una avería en el tren*, llegamos a tiempo a la ceremonia.
(b) Pese a _____, todavía tengo dinero para ir al concierto.
(c) A pesar de _____, ha sido reelegido por mayoría absoluta.
(d) Los hoteles están llenos a pesar de _____.
(e) A pesar de _____, ha suspendido el examen.

11 **Cambia el orden sin cambiar el rumbo.** A continuación, te ofreceremos unas frases que terminan con conclusiones inesperadas. Escribe la conclusión al principio de la oración utilizando **a pesar de** o **pese a**. Fíjate en el ejemplo.

(a) No es muy atractivo y, sin embargo, no le faltan admiradores.

No le faltan admiradores, a pesar de que no es muy atractivo.

(b) A Pablo le duele una muela desde hace tres días, sin embargo, no ha ido al dentista.

(c) Mi hermana desafina como una bocina, pero la han cogido en el coro.

(d) Tiene siete hijos casados. Sin embargo, no tiene ningún nieto.

(e) Padece insomnio, pero no tiene ojeras ni parece cansado.

Conectores con etiquetas

A pesar de y pese a pueden aparecer seguidos de un pronombre neutro o de una etiqueta. En estos casos, aparecen, frecuentemente, tras un punto y unen dos fragmentos textuales. Fíjate en el ejemplo.

> He ido todos los días a la biblioteca, me he leído y estudiado toda la bibliografía, he ido a clases particulares y he hecho siempre la tarea para casa. **Pese a este gran esfuerzo**, solo he sacado un notable.

12 **¿A pesar de qué?** ¿Qué tipo de información recuperamos? Completa los huecos formando etiquetas con las palabras que te ofrecemos a continuación. Luego, relaciona las frases de la columna de la izquierda con las de la derecha.

estos inconvenientes • estas creencias • aquellas órdenes • este aumento • este despiste

(a) Cuando llegamos a la casa, no había electricidad, calefacción ni agua. A pesar de estos *inconvenientes*,	**(I)** los soldados no obedecieron y hubo muchas bajas que lamentar.
(b) Olvidé regar las plantas de su jardín durante el verano, como le había prometido. A pesar de _____,	**(II)** todavía algunos países se niegan a poner en marcha medidas para evitarlo.
(c) El general ordenó la retirada a los soldados cuando se dio cuenta de que la guerra estaba perdida. A pesar de _____,	**(III)** pasamos la noche allí.
	(IV) el césped seguía verde y solo se secó un rosal.
(d) Mucha gente espera que cuando mueran serán juzgados por Dios. A pesar de _____,	**(V)** muchos se comportan de manera egoísta y sin considerar a los demás.
(e) Para el año 2050 la temperatura en el planeta aumentará entre 1 y 2 grados. Pese a _____,	

En cualquier caso, de todas formas y de todos modos

Utilizamos los conectores **en cualquier caso, de todas formas** y **de todos modos** para restar importancia a la información anterior. Además, con frecuencia estos dos conectores cierran un tema siguiendo la siguiente estrategia: a) minimizan la importancia de lo anterior, b) introducen lo que es realmente importante y c) nos indican que ya no hay nada más que hablar sobre el asunto en cuestión.

En algunas ocasiones son intercambiables por **sin embargo**, pero no siempre. Fíjate en la siguiente viñeta.

13 **No le des tanta importancia.** Continúa las siguientes frases utilizando **de todos modos** o **en cualquier caso** para minimizar la importancia de la oración anterior. Fíjate en el ejemplo.

(a) No tengo dinero para comprarme un coche nuevo. *De todos modos, el mío sigue funcionando.*

(b) He suspendido el examen de matemáticas.

(c) Se me han roto las gafas.

(d) Olvidé invitarte a mi cumpleaños.

(e) No me han llamado de esa entrevista de trabajo.

14 **Me duele todo.** (Audio 7) Escucha los consejos para no tener agujetas que nos da el doctor León en un programa de radio. Luego, indica si los consejos que te ofrecemos a continuación son verdaderos o falsos.

Consejos para no tener agujetas:

(I)   Hacer mucho ejercicio

(II)   Beber mucha agua con azúcar

(III) Descansar

(IV) Tener paciencia

(v)   Ir al médico

15 **¿Has escuchado bien?** Vuelve a escuchar los consejos del doctor León y rellena los huecos con los conectores que utiliza.

(a) Mucha gente piensa que lo mejor es hacer más ejercicio. _____, es mejor descansar.

(b) Yo, la verdad, no creo que el agua con azúcar haga mucho. _____, no les va a hacer mal.

(c) Lo mejor es prevenir, se debe hacer ejercicio gradualmente, poco a poco. Empezar con ejercicio ligero y durante poco tiempo, y, poco a poco, ir ampliando... _____, incluso empezando con poco ejercicio, algunas veces tenemos agujetas.

(d) Tengan paciencia, _____, no les durarán mucho.

16 **Tu turno.** Actividad para hacer en parejas. Preparad argumentos y contraargumentos para debatir los temas que os proponemos u otros que os parezcan interesantes. Recordad que podéis utilizar los conectores de este capítulo. Fijaos en el ejemplo.

(a) El coche es mucho mejor que el transporte público.

> Estudiante A (a favor): *Yo creo que el coche es más rápido, cómodo y más barato. El transporte público funciona fatal.*
>
> Estudiante B (en contra): *El coche puede ser más rápido y cómodo.* **Sin embargo**, *tienes que reconocer que contamina mucho. Yo creo que nuestro planeta es más importante que tu comodidad.*

Fíjate en que el estudiante que está a favor aporta argumentos para defender el tema propuesto; en cambio, el estudiante que se muestra en contra retoma el argumento de su compañero pero le pone una pega.

Otros temas para debatir

(b) Las redes sociales están mejorando nuestra sociedad.

(c) El mundo es cada vez un lugar mejor.

(d) Deberíamos volver al baño semanal para ahorrar agua.

17 **Antes de terminar.** Vuelve al glosario y comprueba que las anotaciones que hiciste eran acertadas. Amplía tus notas e incluye las correcciones que consideres necesarias.

18 **¿Te acuerdas de Cervantes?** Vuelve a leer la biografía de Cervantes de la segunda actividad. Luego, elige un personaje famoso que creas que haya superado muchos obstáculos y escribe una redacción sobre él. Te serán muy útiles las palabras clave que hemos aprendido en este capítulo.

Esas ideas provocaron muchos cambios. Palabras para expresar causas, razones y consecuencias

El señor de la viñeta describe el comportamiento de un vecino y la pareja expone las consecuencias indeseables que tiene esa conducta incívica. Para ello, el hombre utiliza el conector **debido a** y la mujer, el verbo **generar.**

El conector **debido a** introduce una causa y puede aparecer al principio de la oración o en medio:

> **Debido a** su comportamiento, no puedo dormir (*debido a + causa, consecuencia*).

> No puedo dormir **debido a** su comportamiento (*consecuencia + debido a + causa*).

El verbo **generar** conecta causas y consecuencias de la siguiente manera:

> Su comportamiento **está generando** malestar (*causa + generar + consecuencia*).

1 **Antes de empezar.** Ve al glosario y fíjate en las palabras clave de este capítulo. ¿Las conoces todas? Haz las anotaciones que consideres pertinentes (significados, posibles traducciones y usos que conozcas). Si no comprendes alguna palabra, no te preocupes y déjala en blanco. Cuando termines este capítulo, sabrás utilizarlas todas.

2 Buscador de palabras clave. Lee el siguiente artículo sobre la situación demográfica de España. Luego, rellena la tabla buscando la información adecuada en el texto.

LOS RETOS DEMOGRÁFICOS DE ESPAÑA

España sufre actualmente una importante crisis demográfica debido al envejecimiento de su población. Según el Instituto de Nacional de Estadística (INE), desde el año 2015 mueren más personas de las que nacen y la tasa de fertilidad del país (número de hijos por mujer) es una de las más bajas del mundo. De acuerdo con los datos ofrecidos por el Banco Mundial, en 1960 las mujeres en España tenían, de media, 2.9 hijos, mientras que en 2016, la cifra se situaba en 1.3 hijos de media.

Este importante descenso de la natalidad se debe a los cambios sociales profundos que han transformado el país. Como resultado de la incorporación de la mujer en el mercado laboral y de la prolongación de sus estudios, las mujeres tienen su primer hijo más tarde, lo que ocasiona que se reduzca el tiempo del que disponen para tener hijos. En otros países, las políticas sociales han hecho posible el incremento del número de nacimientos. Sin embargo, en España, estas políticas no han sido una prioridad para los diferentes Gobiernos.

Además de los cambios sociales, los factores económicos también han motivado la difícil situación demográfica del país. Por culpa de la crisis económica de 2008, el número de inmigrantes en España descendió bruscamente. Este hecho causó un fuerte impacto demográfico, porque este grupo social contaba con una alta tasa de natalidad.

Por último, hay que tener en cuenta que la alta esperanza de vida también ha contribuido al actual envejecimiento de la población. En España, la esperanza de vida ha pasado de los 69 años en 1960 a los 83 años en 2016. Estos son los mejores datos a nivel mundial, solo por detrás de Japón, que tiene la esperanza de vida más alta del planeta. Según los expertos, la dieta mediterránea, el buen sistema sanitario y el cuidado familiar de los mayores han influido en estas cifras tan positivas.

Palabra clave que conecta causa y consecuencia	Causa	Consecuencia
(1er párrafo) debido a	envejecimiento de la población	crisis demográfica en España
(2º párrafo) se debe a		importante descenso de la natalidad
(2º párrafo) Como resultado de		las mujeres tienen su primer hijo más tarde
(2º párrafo) ocasiona	las mujeres tienen su primer hijo más tarde	

Palabra clave que conecta causa y consecuencia	Causa	Consecuencia
(2º párrafo) han hecho posible		incremento del número de nacimientos
(3ᵉʳ párrafo)	factores económicos	
(3ᵉʳ párrafo) Por culpa de	la crisis económica de 2008	
(3ᵉʳ párrafo)	este hecho (el descenso de inmigrantes por la crisis de 2008)	fuerte impacto demográfico
(4º párrafo)	alta esperanza de vida	
(4º párrafo) han influido		cifras tan positivas (alta esperanza de vida)

Conectores causales: *debido a (que), gracias a (que)* y *por culpa de (que)*

Los conectores **debido a (que), gracias a (que)** y **por culpa de (que)** conectan causas y efectos o consecuencias. Pueden aparecer al principio de la oración o en medio:

> No hay clase **debido a** las fuertes nevadas: consecuencia + debido a/gracias a/ por culpa de + causa.

> **Por culpa de** las fuertes nevadas, no hay clase: debido a/gracias a/por culpa de + causa, + consecuencia.

Estos tres conectores solo van seguidos de **que** cuando la causa que introducen tiene un verbo:

> No hay clase **debido a que** *ha nevado mucho.*

> No hay clase **debido a** las fuertes nevadas.

Debido a (que) puede presentar consecuencias positivas o negativas. **Gracias a (que)** suele señalar consecuencias positivas y **por culpa de (que)** solo señala consecuencias negativas.

> No hay clase **gracias a** las fuertes nevadas. ☺ (Estoy muy contento porque no hay clases).

> No hay clase **por culpa de** las fuertes nevadas. ☹ (No me gusta que no haya clases).

Gracias a (que) puede introducir consecuencias negativas si se utiliza con sarcasmo, como en la siguiente viñeta.

3 **Todo depende del cristal con el que se mire.** Cambia **debido a (que)** por **gracias a (que)** o **por culpa de (que)** según consideres. Recuerda que **debido a** se puede utilizar con consecuencias de todo tipo, mientras que **gracias a** se utiliza con consecuencias positivas y **por culpa de** con consecuencias negativas.

(a) Debido a que fue a clases particulares, aprobó el examen.

Gracias a que fue a clases particulares, aprobó el examen.

(b) Debido a una lesión, no pudo participar en la carrera.

(c) Murió debido a que un médico se equivocó en su diagnóstico.

(d) Debido a la falta de oportunidades, muchos jóvenes se han visto obligados a emigrar.

(e) Debido a los donativos, muchos niños van a ser vacunados.

4 **¿Por qué ocurrió eso?** Continúa las siguientes frases con una causa que imagines. Para introducir tu causa, utiliza **por culpa de (que)** o **gracias a (que)** según la consecuencia presentada sea positiva o negativa.

(a) Perdió el concurso de belleza *por culpa de un grano en la nariz.*

(b) Ganó las olimpiadas de matemáticas _____.

(c) La casa se quemó _____.

(d) Consiguió el trabajo _____.

(e) Atraparon al ladrón _____.

Conectores con etiquetas

En textos escritos y planificados, **debido a**, **gracias a** y **por culpa de** pueden aparecer seguidos de un pronombre neutro o de una etiqueta. En estos casos, aparecen, frecuentemente, después de un punto y ayudan a relacionar ideas desarrolladas en diferentes oraciones o párrafos.

En 1962, el presidente soviético, Nikita Jrushchov, envió misiles nucleares a Cuba, a muy pocos kilómetros de Estados Unidos. **Debido a esta decisión**, estalló la crisis militar más importante de la Guerra Fría.

5 **Divide y amplía.** Primero, identifica las causas y consecuencias de los ejemplos que te proponemos. Luego, divide el ejemplo en dos frases diferentes, utilizando uno de los conectores de la actividad anterior (**debido a**, **gracias a** o **por culpa de**) junto a la etiqueta entre paréntesis. Por último, amplía las frases todo lo que puedas. Fíjate en el ejemplo.

(a) Hay menos robos porque contrataron más policías. (MEDIDA)

Causa: contrataron más policías
Consecuencia: hay menos robos
En diciembre del año pasado, el Ministerio del Interior publicó la mayor oferta de empleo de la historia de España y contrató a más de 100.000 nuevos policías. Gracias a esta medida, los ladrones tienen mucho más difícil su trabajo y los robos en tiendas y viviendas se han reducido considerablemente.

(b) No puedo ir a la Universidad porque mi padre está enfermo. (PROBLEMA)
(c) Ganó mucho dinero porque abrió dos tiendas nuevas. (DECISIÓN)
(d) Me van a pagar menos de lo que pensaba porque mi jefa se "equivocó" en el contrato de trabajo. (ERROR)
(e) No puedo viajar porque hay huelga de trenes. (SITUACIÓN)

(Como/ya que/puesto que) + causa

Recuerda que **como**, **ya que** y **puesto que** introducen causas o explicaciones que los hablantes ya conocen. Al igual que **porque,** solo pueden conectar causas y consecuencias dentro de una misma oración. Ten en cuenta que **como** solo se puede utilizar al principio de la oración. Fíjate en los ejemplos.

Como/Ya que/Puesto que Mónica está enferma, nos quedaremos en casa.

Nos quedaremos en casa, **ya que/puesto que/~~como~~** Mónica está enferma.

6 **Simplemente mejor.** Simplifica al extremo los siguientes textos utilizando la palabra entre paréntesis. Fíjate en el primer ejemplo.

(a) Anoche en la cena, Victoria estaba muy ansiosa y comió muchísimo. Casi ni hablaba con nosotros porque estaba muy ocupada comiendo nachos y bebiendo margaritas. Hoy está enferma, claro. (COMO)

Como ayer cenó mucho, hoy está enferma.

(b) Tú ya no puedes valerte por ti mismo: el otro día te dejaste la plancha encendida durante horas, y ya no puedes ni subir las escaleras. Te voy a pedir plaza en el asilo donde vive la tía Milagros. (PUESTO QUE)

(c) Qué cara la cena, más de 100 euros. Paga tú la cuenta de los dos. Recuerda que me debes dinero del hotel de Salamanca del fin de semana pasado. (YA QUE)

(d) Estoy a dieta y no puedo comer hidratos. No pruebo el pan desde hace más de cuatro meses, ya no lo soporto más. (COMO)

(e) Mi pareja casi no me habla y no muestra interés en arreglar las cosas. He tirado la toalla y no voy a preocuparme más por mantener viva la relación. (PUESTO QUE)

7 **La pescadilla que se muerde la cola.** Con esta frase nos referimos a esas ocasiones en las que la causa de un problema es también su consecuencia. Por ejemplo:

Como estoy muy nervioso, no duermo bien, y como no duermo bien, estoy todo el día nervioso.

Agrupa de dos en dos las siguientes circunstancias para formar frases como las del ejemplo anterior. Puedes utilizar los conectores que acabamos de ver: **puesto que, ya que** o **como.**

(a) No va nunca a clase
(b) Apenas quedan árboles
(c) No comprende las explicaciones
(d) No sale mucho
(e) Hay sequía
(f) No tiene amigos

Generar, causar, deberse a...

Algunos verbos y expresiones verbales, como **generar, causar, producir, provocar, tener como resultado** o **ser el motivo de**, son muy útiles para conectar causas y efectos:

El golpe en la cabeza le **produjo** una fuerte hemorragia interna.

Causa: el golpe en la cabeza
Consecuencia: una fuerte hemorragia interna

Otros verbos y expresiones verbales, como **deberse a, ser consecuencia de** o **ser resultado de,** también conectan causas y consecuencias, pero en el sentido contrario que los verbos del ejemplo anterior. Es decir, antes del verbo aparece la consecuencia y después del verbo, la causa:

La hemorragia interna **se debió a** un golpe en la cabeza.

Consecuencia: la hemorragia interna
Causa: un golpe en la cabeza

8 **Divide y vencerás.** Lee los siguientes ejemplos y señala las causas y consecuencias. Luego, reescribe los ejemplos utilizando los conectores **debido a, por
culpa de** o **gracias a.** Haz todos los cambios que quieras, solo es importante que
mantengas la idea principal. Fíjate en el ejemplo.

(a) La ampliación del límite de velocidad a 130 kilómetros por hora tuvo
como resultado el aumento de accidentes mortales en carretera.

Causa: la ampliación del límite de velocidad a 130 kilómetros por hora.
Consecuencia: el aumento de accidentes mortales en lo que llevamos de
año.

*Han aumentado los accidentes mortales en carretera por culpa de la amplia-
ción del límite de velocidad a 130 kilómetros por hora.*

(b) El calor y la huelga de recogida de basuras, que ya dura tres semanas, ha
provocado una horrible plaga de cucarachas.
(c) Todos los éxitos que has tenido se deben a tu esfuerzo.
(d) El aumento de las temperaturas es consecuencia del efecto invernadero.

Verbos con etiquetas

En textos escritos y planificados es habitual que estos verbos (**provocar, deberse
a, generar...**) se utilicen con etiquetas de discurso para relacionar diferentes oraciones o párrafos. Fíjate en el ejemplo.

El nuevo director prohibió las reuniones de más de 20 minutos y los correos
electrónicos de más de 100 palabras. Además, a partir de ahora, podremos
elegir nuestro horario de entrada y salida y, si queremos, los viernes podremos
trabajar desde casa. *Esas ideas* están **provocando** muchos cambios y yo creo
que aumentará la productividad de todos los trabajadores de la oficina.

9 **Etiqueta y conecta.** Conecta los fragmentos textuales que te ofrecemos a continuación con las causas o consecuencias que aparecen después de la flecha.
Utiliza los conectores y verbos que hemos visto, acompañados por la etiqueta
entre paréntesis u otra que consideres adecuada. Fíjate en el ejemplo.

(a) Tras más de cinco horas de discusiones, se ha elegido Valencia como
sede de la final de la Copa del Rey, a pesar de que la propuesta de Sevilla
parecía, *a priori*, la favorita. (DECISIÓN)

→ Gran enfado de los aficionados andaluces

*Esta decisión/elección inesperada ha provocado un gran enfado de los afi-
cionados andaluces.*

(b) Los especuladores ya no compran edificios en ruinas, ahora, por el
contrario, concentran sus inversiones en edificios habitados. Cuando

compran una nueva propiedad, intentan cambiar los contratos de alquiler y no arreglan los desperfectos o averías, convirtiendo sus propios edificios en ruinas inhabitables. (SITUACIÓN)

→ Los inquilinos tienen problemas de insomnio, depresión, estrés y ansiedad

(c) El grupo parlamentario popular ha anunciado la creación de un observatorio de la flora y fauna marina. (PROYECTO)

→ Se crearán 20 nuevos puestos de trabajo en la región

(d) En estos últimos cinco años he sido extorsionado y expulsado de mi ciudad, Bilbao; he tenido un hijo, Daniel; he perdido un padre, Fernando; y he estado a punto de morir de una grave enfermedad, Leucemia. (CIRCUNSTANCIAS PERSONALES)

→ He tardado mucho tiempo en publicar mi último libro

(e) A las 8 de la mañana en el cruce de la Avenida Simón Bolivar con el Paseo de Murillo chocaron un autobús interregional y un camión de correos. Posteriormente, se vieron afectados otros cinco vehículos. El impacto fue tan fuerte que el autobús quedó seccionado en tres partes y sin techo. (ACCIDENTE)

→ Exceso de velocidad, la lluvia y el mal estado de la carretera

Conectores consecutivos: *por eso, por (lo) tanto, por consiguiente* y *así que*

El conector **por eso** introduce consecuencias, al contrario que **debido a, gracias a** y **por culpa de**, que introducen las causas.

Hizo trampas, por eso ganó.

Ganó gracias a que hizo trampas.

Así que, por (lo) tanto y **por consiguiente** se utilizan, principalmente, en contextos argumentativos; es decir, cuando queremos defender nuestras opiniones. Estos conectores establecen una conexión razón-conclusión o, lo que es lo mismo: causa lógica-consecuencia lógica. En cambio, el conector **por eso** se utiliza, principalmente, para unir causas reales con efectos reales (como **debido a, por culpa de** y **gracias a**), aunque también puede relacionar razones con conclusiones. Fíjate en los ejemplos.

RAZÓN-CONCLUSIÓN (Argumentación): La ministra está acorralada por las noticias sobre los plagios en su tesis doctoral. **Por eso/Por (lo) tanto/Por consiguiente,** dimitirá pronto.

CAUSA-EFECTO (Exposición): En 1962, el presidente soviético, Nikita Jrushchov, acordó con el dictador cubano enviar misiles nucleares a la isla, a muy pocos kilómetros de Estados Unidos. **Debido a esta decisión/Por eso/Por tanto**, estalló la crisis militar más importante de la Guerra Fría, que terminó con el traslado de vuelta de los misiles a la Unión Soviética.

Todos estos conectores pueden unir dos ideas que aparecen dentro de una oración, o en dos oraciones independientes separadas por un punto. En textos escritos, **así que** solo une causas y consecuencias que aparecen dentro de una misma oración.

Ha trabajado muchísimo durante el último año. **Por eso,/Por (lo) tanto,/Por consiguiente,/Así que** el jefe la ascenderá.

Ha trabajado muchísimo durante el último año, **por eso,/por (lo) tanto,/por consiguiente,/así que** el jefe la ascenderá.

En conversaciones, podemos utilizar **así que** al principio de una intervención, cuando queremos presentar una conclusión a partir de lo que ha dicho otra persona.

MÓNICA: Tengo muchísimo trabajo y, encima, me duele mucho la cabeza.
JUAN: **Así que** no vienes ¿verdad?

En cuanto al registro, **así que** es muy espontáneo y lo utilizamos mucho cuando hablamos. **Por eso** presenta un registro neutro: lo podemos usar en situaciones formales e informales. **Por (lo) tanto** y **por consiguiente** lo utilizamos en argumentaciones formales.

No recibí tu email, **así que/por eso,/por consiguiente,/por lo tanto,** no te he contestado.

La profesora Márquez ha falsificado los resultados de su último experimento con células madre, **por lo tanto/por consiguiente/por eso,** creemos que debe dimitir y abandonar nuestra Universidad.

10 **Las normas de la casa.** Completa las siguientes afirmaciones con todos los conectores causales y consecutivos que hemos visto en este capítulo.

(a) *Así que* es el conector más frecuente cuando hablamos.
(b) En textos escritos, _____ no puede conectar oraciones separadas por un punto.
(c) _____ se utilizan principalmente en contextos argumentativos.
(d) _____ se utilizan en textos argumentativos y formales.
(e) _____ introduce consecuencias o conclusiones en todo tipo de textos.

11 **Lanza una flecha.** Conecta las siguientes oraciones eligiendo entre los marcadores. Fíjate en el registro y en si se trata de causas lógicas (argumentaciones)

o causas reales (hechos). En algunos casos dos opciones son posibles. Fíjate en el ejemplo.

El jardinero no trabajaba en casa ese día. Por lo tanto/~~Debido a este problema~~/Por eso, no pudo ser el asesino.

(a) El jardinero no trabajaba en casa ese día.	**(I)** **Por lo tanto/Debido a este problema/Por eso,** no pudo ser el asesino.
(b) El súper estaba cerrado,	**(II)** **Por lo tanto,/Por eso,/Así que** la dejó.
(c) Casi no has puesto sal,	**(III)** **por consiguiente,/por eso,/así que** no puede masticar.
(d) Su novia le ponía los cuernos con su hermano.	**(IV)** **Gracias a eso/Por tanto/Por eso,** no puedo hablar con usted de ese tema.
(e) No he declarado ante la policía.	**(V)** **por tanto/por eso,** el cocido está soso.
(f) Todavía no le han salido los dientes al niño,	**(VI)** **por eso/por consiguiente,** no pude comprar nada.

12 Eso no tiene ni pies ni cabeza. Cuando utilizamos conectores consecutivos, normalmente conectamos una causa con una consecuencia más o menos esperada. Sin embargo, cuando no sucede lo que lógicamente sería de esperar, utilizamos los conectores contraargumentativos del capítulo anterior, como por ejemplo **sin embargo**. Cambia los conectores de las siguientes frases y haz que ocurra lo esperado. Fíjate en el ejemplo.

(a) No tiene un duro, sin embargo, vive como un rey.

No tienen un duro, por eso, vive en la calle.

(b) La bolsa está subiendo y la economía parece recuperarse. Sin embargo, el paro seguirá aumentando.

(c) Sus clases son muy interesantes, pero asisten muy pocos alumnos.

(d) Es muy buena persona y ayuda a los demás siempre que puede. No obstante, nadie parece agradecérselo y todo el mundo le trata fatal.

(e) Todo el mundo quiere que se vaya de la empresa, sin embargo, no dimitirá.

13 ¿Qué habré hecho yo para merecer esto? (Audio 8) *¿Qué habré hecho yo para merecer esto?* es un programa de radio en el que los participantes tratan de averiguar cómo han llegado al estado en que se encuentran. Hoy tenemos a un hombre que lleva tres días viviendo en la calle porque su mujer lo ha echado de casa. Escucha la conversación y apunta todas las causas que crees que han provocado que su mujer lo haya echado. Después, prepara frases en las que expliques las causas, utilizando las palabras clave de este capítulo. Fíjate en las del ejemplo.

Lucrecio no quiere trabajar y solo sabe gastar dinero. Por eso, su mujer lo ha echado de casa.
Como Lucrecio no quiere trabajar, su mujer lo ha echado de casa.
Debido a que no quiere trabajar, la mujer de Lucrecio lo ha echado de casa.

14 Por eso estás así. Jugamos en grupo. Cada alumno escribe tres problemas en tres pósits diferentes, por ejemplo: "me he quedado sin blanca", "no tengo amigos", "me han despedido"... Luego, pegamos un único pósit en la frente de un compañero (¡sin que este vea lo que hay escrito!) y guardamos los otros dos pósits. Cuando todos tengamos un pósit en la frente, caminamos por la clase para que los compañeros nos digan las consecuencias de nuestro problema. Fíjate en el ejemplo.

Pósit: *Ayer bebí demasiada cerveza…*
Compañero 1: *Por eso, tienes tan mala cara.*
Compañero 2: *Así que hiciste el ridículo.*
Compañero 3: *Seguro que eso te ha provocado muchos problemas.*
Compañero 4: *Por esa razón, te duele la cabeza.*

El objetivo del juego es adivinar qué dice nuestro pósit. Cuando adivines el primer pósit, el compañero que te haya dicho la última consecuencia te pegará en la frente otro de los pósits que tenga guardado. Gana el que adivine más problemas. A continuación te ofrecemos algunos problemas como ejemplo.

tengo insomnio • he quemado mi casa • me duele una muela • he roto el faro del coche de mi padre • me he peleado con todos mis amigos • no tuve tiempo de estudiar para los exámenes • me he roto el tobillo • me han robado el pasaporte • he perdido mi vuelo de vuelta a casa • me han robado el móvil...

15 Antes de terminar. Vuelve al glosario y comprueba que las anotaciones que hiciste eran acertadas. Amplía tus notas e incluye las correcciones que consideres necesarias.

16 ¿Te acuerdas de los retos demográficos de España? Vuelve a leer el texto de la segunda actividad sobre el envejecimiento de la población española. Luego, elige un problema de tu país y escribe una redacción planteando sus causas y consecuencias. Te serán muy útiles los conectores que has aprendido en este capítulo.

Es decir, se acabó. Palabras para reformular, rectificar, generalizar y concretar

Esta tarde tenemos nuestra última clase de español. **Es decir,** hoy se acaba el curso.

O sea, mañana no hay clase. ¡No me había enterado!

Las personas del diálogo utilizan los conectores destacados, **es decir** y **o sea**, para presentar de una manera diferente una idea formulada previamente. Estos conectores pueden repetir la idea anterior con otras palabras (última clase = se acaba el curso) o pueden explicar lo más importante de la información anterior mediante una conclusión implícita (se acaba el curso = mañana no hay clase).

1 **Antes de empezar.** Ve al glosario y fíjate en las palabras clave de este capítulo. ¿Las conoces todas? Haz las anotaciones que consideres pertinentes (significados, posibles traducciones y usos que conozcas). Si no comprendes alguna palabra, no te preocupes y déjala en blanco. Cuando termines este capítulo, sabrás utilizarlas todas.

2 **Entrevista a un personaje literario.** ¿Te imaginas que pudiéramos entrevistar a personajes de novela? Nosotros lo hemos imaginado y hemos entrevistado a la Celestina, el célebre personaje de *La tragicomedia de Calisto y Melibea*, una de las obras literarias más importantes del siglo XV. Lee la entrevista e introduce las siguientes oraciones en el hueco adecuado. Ten en cuenta que las expresiones destacadas se utilizan para reformular.

(a) **Con estas palabras se está refiriendo** usted al mundo de la prostitución, ¿verdad?
(b) **O sea,** las relaciones íntimas.
(c) ¿**Eso quiere decir** que se dedica usted a las relaciones de pareja?
(d) **En otras palabras,** la tiene usted engañada.

ENTREVISTA A LA CELESTINA: "ME DEDICO A FACILITAR LOS LÍOS AMOROSOS"

La Celestina es la hechicera más importante de la literatura española y una de las mujeres más astutas y vitales del reino de Castilla. A pesar de su apretada agenda, nos ha concedido su primera entrevista tras más de cinco siglos de silencio.

ENTREVISTADOR: Bienvenida, doña Celestina, ¿le parece bien que la llame a usted así?
CELESTINA: Haga como quiera, la gente me conoce por muchos nombres: vieja, alcahueta, bruja, engañadora, hechicera barbuda...
ENTREVISTADOR: ¿Y eso le molesta?
CELESTINA: No. Me enorgullece, es mi profesión. Me dedico a facilitar los líos amorosos.
ENTREVISTADOR: **(i)** _____
CELESTINA: No de pareja, de amantes... **(ii)** _____
ENTREVISTADOR: **(iii)** _____
CELESTINA: Sí, yo misma he sido prostituta, ahora que soy vieja, tengo a otras señoritas a mi cargo: Elicia y Areúsa.
ENTREVISTADOR: ¿Qué planes tiene para Calisto y Melibea?
CELESTINA: Gracias a mi astucia y a mis hechizos la tengo medio convencida...
ENTREVISTADOR: **(iv)** _____
CELESTINA: Bueno, bueno...

Expresiones para reformular

Es decir es el conector reformulador más frecuente del español. Como has visto en la entrevista con la Celestina, hay muchas otras expresiones que reformulan, como **eso quiere decir, con esas palabras me refiero a** o **eso significa que** y todas sus variantes (**con eso te refieres a..., eso último que acabas de decir significa que...,** etc.).

3 **Termina las frases.** Elige la única opción que reformula o explica la idea previa.

(a) Lo que te digo, que a las ocho de la tarde estaba todavía en pijama y con los rulos puestos,...

(i) . . . me refiero a que ya estaba preparada para salir.
(ii) . . . es decir, que no estaba lista para salir.

(b) Bueno, la verdad es que yo estaba demasiado lejos para ver bien la portería,...

(i) . . . es decir, no estoy seguro de que el último gol haya sido válido.
(ii) . . . lo que significa que estoy seguro de que no fue gol.

(c) Estábamos solos en medio del bosque y el móvil se quedó sin batería,...

(i) . . . eso significaba que teníamos un gran problema.
(ii) . . . es decir, todo estaba bajo control.

(d) Mi terapeuta siempre me dice que coja el toro por los cuernos.

(i) Con ese consejo se refiere a que tengo que ser valiente, no dudar y afrontar mis problemas.
(ii) Con esas palabras se refiere a que tengo que ir a una corrida de toros cuanto antes.

(e) Después de pensárselo mucho, van a mudarse a Australia.

(i) Es decir, que se quedan en casa.
(ii) Me da pena su hija, eso significa que solo verá a su abuela en vacaciones, con lo que la quiere...

4 **¿Qué me he perdido?** Hemos llegado tarde para enterarnos del principio de la frase, pero a tiempo de la reformulación. ¿Puedes adivinar lo que se dijo antes? Fíjate en el ejemplo.

(a) *No sale con ningún chico ni le gusta nadie por ahora*; es decir, que no tiene novio.
(b) _____ Es decir, va a hacer mal tiempo.
(c) _____ En otras palabras, no sé nada de ella.
(d) _____ Eso quiere decir que no va a venir a la fiesta.
(e) _____ Me refiero a que tiene la cabeza bien amueblada a pesar de lo joven que es.

Reformuladores coloquiales: *o sea, vamos* y *vaya*

O sea, (que); **vamos, (que)**; y **vaya, (que)** se utilizan en textos orales y coloquiales. Estos conectores reformulan introduciendo una aclaración o explicación, muchas veces en forma de una conclusión implícita de lo dicho anteriormente. Es decir, aclaran el motivo por el cual dijimos lo anterior. **Vamos** y **vaya** son más expresivos, espontáneos y enfáticos que **o sea.**

O sea puede aparecer seguido de **que**, pero no es obligatorio. **Vamos** y **vaya** van seguidos de **que** más frecuentemente; se pueden colocar, también, en posición final de la segunda oración y, en ese caso, nunca les sigue **que**.

Mis vecinos no quieren oír hablar del nuevo hotel. **O sea, (que)** no quieren más turistas en el pueblo.

Mis vecinos no quieren oír hablar del nuevo hotel. **Vamos, que** no quieren más turistas en el pueblo.

Mis vecinos no quieren oír hablar del nuevo hotel. No quieren más turistas en el pueblo, **vaya.**

5 ¡Ojo con el registro! Subraya el reformulador más adecuado según el contexto sea formal o informal.

(a) Ese tío es un cara dura. Dice que está sin blanca, pero come todos los días en restaurantes de lujo. Te digo que nos ha tomado el pelo, que este tiene más dinero que tú y yo juntos, **eso significa/<u>vamos</u>** que está forrado.

(b) Doña Milagros fue una buena esposa y una madre excepcional. Aunque haya fallecido, vivirá eternamente. **Es decir/vaya,** sus familiares no la olvidarán jamás y vivirá siempre en sus corazones.

(c) Mire usted, en la geometría euclídea, un triángulo equilátero tiene ángulos internos congruentes, **vamos/lo cual significa** que sus tres lados miden exactamente lo mismo.

(d) Han estado llamando a todas horas por teléfono, **vamos/lo cual quiere decir** que no he podido hacer nada esta mañana, pero esto te lo tengo listo enseguida, tú, déjamelo a mí...

(e) La tendencia demográfica de los países más ricos es la de una pirámide invertida, **es decir/vaya,** que cada vez habrá menos niños y más ancianos.

(f) No dejó de comer durante toda la fiesta. Se puso morado, **vaya/es decir**.

6 Esto es una jaula de grillos. Como hemos visto, algunos reformuladores se utilizan especialmente en situaciones informales. Úsalos para explicar las expresiones coloquiales con animales que te presentamos a continuación. Fíjate en el ejemplo. Puedes buscar en el diccionario sus significados.

(a) No seas gallina y dile lo que piensas, *vamos, que no seas cobarde.*

(b) Es demasiado bueno para ser cierto, tiene que haber gato encerrado,...

(c) El pobre siempre ha sido la oveja negra de la familia,...

(d) Ya está aquí otra vez, es mi perrito faldero,...

(e) Creo que nos va a descubrir pronto, tiene la mosca detrás de la oreja,...

(f) Es una mosquita muerta,...

(g) No le hagas ni caso, está como una cabra,...

Conectores para rectificar: *digo* y *mejor dicho*

En ocasiones, **vamos** o **vaya** se utilizan para rectificar la información anterior, pero no están especializados en esa función. Otros reformuladores, como **digo** o **mejor dicho,** sí están especializados en rectificar: nos ayudan a reemplazar una idea que no hemos expresado correctamente. Es decir, en lugar de explicar o aclarar, estos reformuladores corrigen la información anterior. **Mejor dicho** se puede utilizar en contextos formales e informales; en cambio, **digo** es muy espontáneo y se utiliza principalmente en contextos informales.

Lo compré porque era muy barato; **mejor dicho,** porque estaba rebajado.

Estoy en la flor de la vida. Si solo tengo treinta y siete añitos, **digo,** treinta y ocho.

7 **Las normas de la casa.** Completa las siguientes afirmaciones con estos conectores: *es decir, en otras palabras, mejor dicho, o sea, digo, vamos* y *vaya*.

(a) Utilizamos los conectores _____ principalmente para reformular
explicando o aclarando lo que queríamos comunicar con la frase anterior.

(b) Utilizamos los conectores _____ en situaciones informales o
coloquiales.

(c) Utilizamos los conectores _____ principalmente para rectificar la
información que comunicamos con la frase anterior.

(d) _____ aparecen, con frecuencia, al final de la oración.

8 **Tu turno.** Subraya el reformulador más adecuado. Para ello, fíjate si aclaran o
rectifican, y si aparecen en situaciones formales o coloquiales.

(a) Einstein fue famoso por defender que la tierra era redonda, **es decir/mejor
dicho**, por defender la teoría de la relatividad.

(b) Estoy súper ocupada, **vamos,/con esto me refiero a** que no tengo tiempo
para hacer nada.

(c) ¿Mi estado civil? Cansada, **digo/vamos**, casada.

(d) Pablo es mi yerno, **digo/vaya**, mi cuñado, **es decir/mejor dicho**, el marido
de mi hermana.

(e) Está que trina. No se le puede decir nada sin que salte, **vaya/con otras
palabras**.

9 **Como te iba diciendo...** Termina las frases que te presentamos a continuación.
Rectifica cuando sea necesario.

(a) A mí no me dice nadie lo que tengo que hacer, o sea, *hago lo que me da la
gana.*

(b) Los seres humanos son omnívoros, esto significa que...

(c) No lo he pasado nada mal en tu fiesta de cumpleaños, mejor dicho,...

(d) No va a llover, vaya, que...

(e) Estás engordando un poco, debes comer menos verduras, digo,...

(f) Ese tío le dobla la edad a su novia, vamos, que...

Conectores para generalizar y concluir: *en definitiva* y *en resumen*

En ocasiones, **es decir, o sea, vamos** o **vaya** introducen la última información
sobre un tema, lo concluyen, pero no están especializados en esta función. Los
conectores **en definitiva** y **en resumen** sí están especializados en cerrar o terminar
un tema; y lo hacen generalizando o resumiendo las ideas anteriores, a menudo
introduciendo una última conclusión. Fíjate en el ejemplo.

Después de una cena con los amigos de la universidad y, a pesar de que había
bebido un par de copas de vino, Alfredo se montó en su moto para regresar

a casa. Desgraciadamente, la moto derrapó en la curva de incorporación a la autopista y Alfredo quedó en coma durante más de un mes. Al despertar, se dio cuenta de que algo no iba bien. Había perdido un ojo, un brazo y la mitad de su cuerpo estaba completamente paralizada. Además, no recordaba quién era su novia y ni siquiera su propio nombre. **En definitiva,** el alcohol le destrozó la vida.

Conectores para especificar y ejemplificar: *en concreto, concretamente, en particular* y *por ejemplo*

En lugar de generalizar, los conectores **en concreto, concretamente** y **en particular** proponen la operación contraria: especifican o ejemplifican. El conector **por ejemplo**, como su nombre indica, sirve para ejemplificar.

Hoy vamos a hablar de las dificultades que tienen los estudiantes de español como lengua extranjera, **en concreto/concretamente/en particular**, vamos a explicar las diferencias entre los verbos ser y estar.

Me gustan los personajes poderosos y hedonistas. **Por ejemplo,** la Celestina es uno de mis personajes de ficción favoritos.

10 **Cada oveja con su pareja.** Las frases de la columna de la derecha generalizan o especifican las frases de la columna de la izquierda. Une con flechas y elige el conector adecuado.

(a) El verano pasado visitamos Puerto Rico.	**(i)** **En definitiva/En particular**, un desastre.
(b) Veo a mis padres muy a menudo.	
(c) Desde que los vi por primera vez, me parecieron personas muy agradables. Siempre nos saludaban, tenían el jardín muy cuidado y apenas se les escuchaba.	**(ii)** Estuvimos, **en resumen/en concreto**, en casa de la tía de mi novio, que vive en la capital, San Juan.
(d) Cuando llegamos a casa nos encontramos con la puerta forzada, los muebles estaban destrozados y nos habían robado todo.	**(iii)** El fin de semana pasado, **por ejemplo/en resumen**, fuimos juntos a casa de la abuela.
(e) Hay algo que me resulta familiar en ese muchacho.	**(iv)** **En resumen/En particular**, eran muy buenos vecinos.
(f) Lucas es un chico educado, amable, limpio y responsable.	**(v)** **En concreto/En definitiva**, su manera de caminar me recuerda a alguien.
	(vi) **Concretamente/En resumen**, la persona ideal para compartir piso.

11 **¿Cómo continuará?** Decide si las siguientes oraciones deberían continuarse con una generalización o especificando y dando ejemplo. Luego, termina las frases utilizando un conector adecuado. Fíjate en el ejemplo.

(a) En muchos lugares de los Estados Unidos se habla español. *Por ejemplo, en Los Ángeles ya casi la mitad de los habitantes tienen el español como lengua materna.*

(b) En los últimos años muchos famosos han participado en campañas a favor de causas sociales.

(c) El piso que venden a lado de mi casa está sin pintar, le faltan algunas puertas y ventanas, no tiene la instalación eléctrica hecha y tampoco tiene línea de teléfono.

(d) Tiene usted dos caries, una muela rota, necesita una endodoncia y tiene que hacerse urgentemente una limpieza de boca.

(e) Debido al cambio climático, muchas especies están en peligro de extinción.

Conectores coloquiales para generalizar y ejemplificar: *total, en fin* y *sin ir más lejos*

Utilizamos los conectores **total, en fin** y **sin ir más lejos** en conversaciones coloquiales. **Total** y **en fin** generalizan introduciendo una última conclusión. Con frecuencia, **total** introduce una visión negativa de lo anterior.

Julia ha llamado para decir que está muy ocupada. **Tota**l, no va a venir, como siempre.

En fin se puede utilizar por sí solo, sin introducir una reformulación, porque esta se considera obvia y negativa.

Julia ha llamado para decir que está muy ocupada. **En fin...**

Sin ir más lejos sirve para introducir un ejemplo que, a veces, demuestra la verdad de un argumento dicho con anterioridad.

Julia siempre da excusas para no venir. **Sin ir más lejos**, ayer llamó para decir que estaba muy ocupada.

12 **¡Ojo con el registro!** Subraya el conector que sea más apropiado, según el registro sea formal o informal.

(a) Llevo dos meses en el paro y, para colmo, me he gastado una pasta en arreglar el coche. **Total/En resumen**, estoy sin blanca.

(b) Llevo una semana que no sé dónde tengo la cabeza. Ayer, **en resumen/sin ir más lejos**, metí las llaves en el congelador.

(c) Se sabe que muchas plantas tienen propiedades curativas. La caléndula, **por ejemplo/vaya**, se utiliza como calmante y antiinflamatorio.

(d) A la conferencia asistió un público selecto. Los ponentes discutieron sobre cómo el nivel educativo, la edad y el sexo influyen en el uso de la lengua. **En definitiva/Total**, hablaron sobre sociolingüística.

(e) Me ha dicho que el lunes no puede venir porque tiene clases hasta tarde, que el martes tiene partido de baloncesto, que el miércoles trabaja en la tienda... **En resumen/En fin...**

13 **En fin, léeme la mente**. Cuando lo que sigue es obvio y negativo, podemos usar **en fin** al final de la frase sin añadir nada más. ¿Qué crees que está en la cabeza de la persona que está hablando? Fíjate en el ejemplo.

(a) Me ha dicho que el lunes no puede venir porque tiene clases hasta tarde, que el martes tiene partido de baloncesto, que el miércoles trabaja en la tienda... En fin... (*Nunca va a poder*)

(b) Dice que necesita tiempo para ella, que me quiere pero que no podemos estar juntos, en fin...

(c) El médico me ha dicho que no hay un tratamiento totalmente eficaz para la calvicie, en fin...

(d) Cuando toca pagar la cuenta del restaurante me dice siempre que no tiene dinero. Pero la semana pasada hizo un viaje a Nueva York y el mes que viene se va a China. En fin...

(e) La del tercero dice que no es chismosa, pero ayer me contó la vida de la nueva vecina. En fin...

14 **¿Cómo acabará esto?** Continúa los siguientes ejemplos. Si crees que no hace falta continuar la frase, déjala como está. Fíjate en el ejemplo.

(a) En esta oficina nadie ayuda a nadie, sin ir más lejos, *ayer pedí a un compañero que me hiciera una fotocopia y me mandó a paseo.*

(b) Hay muchas cosas que se pueden comprar por menos de un euro, sin ir más lejos...

(c) Ayer en el trabajo estuve todo el día distraída y pensando en las musarañas, total...

(d) Mi hermano pequeño se porta fatal, esta mañana, sin ir más lejos...

(e) Fui a la entrevista para trabajar en una guardería, pero me dijeron que era necesario hablar tres idiomas, que el español solamente no era suficiente, que además necesitaba tener experiencia en educación infantil y un máster en psicología. Total...

15 **Se ha cometido un crimen.** (Audio 9) Ayer al mediodía se cometió un crimen en un edificio de la calle Alcalá. Escucha hablar a los vecinos del inmueble sobre el suceso y fíjate en las expresiones que utilizan y que hemos visto a lo largo de este capítulo. Después, completa el cuadro que te ofrecemos. Además, indícanos las que nos ayudan a acusar o a descartar al sospechoso.

Sospechosos	Acusar	Descartar
Antonio		*Descartar: En definitiva, nunca llega a casa antes de las cinco*
Dolores		
Álvaro		

16 **Reformulemos este capítulo.** Completa la siguiente tabla con las expresiones clave que hemos visto a lo largo de este capítulo. Señala con un asterisco

las expresiones que son más frecuentes en las conversaciones coloquiales. Recuerda que, aunque muchas de las palabras clave de este capítulo se pueden utilizar con varias funciones diferentes, siempre desempeñan una función principal: especifican, generalizan, rectifican o explican.

Especificar	Generalizar	Rectificar	Explicar
En particular	Total*	Mejor dicho	Vamos* Significar (eso significa que...)

17 **Tu turno.** Ahora, usa las palabras clave de la tabla para hacer lo que te pedimos en cada ocasión. Ten en cuenta el registro.

(a) La crisis económica está afectando a las clases más desfavorecidas. (**Explica**) → *Es decir, que los pobres van a sufrir más.*

(b) Los jóvenes en paro buscan trabajo en el extranjero, (**Especifica**) →

(c) El presidente no piensa hacer mucho para acabar con el calentamiento global. (**Rectifica**) →

(d) Los horarios de autobuses y de trenes se van a ver afectados por las huelgas. Tampoco se van a cumplir los horarios del metro. (**Generaliza**) →

(e) No te lo vas a creer. El hijo del dueño de la empresa ha pasado de ser becario a ser nuestro jefe. (**Explica**) →

(f) A partir de ahora no se podrá fumar en colegios, hospitales, bibliotecas, museos... (**Generaliza**) →

(g) Todo el mundo está contentísimo con el curso, (**Especifica**) →

18 **No repitas que es peor.** En parejas y durante dos minutos, cuenta a tu compañero lo que has hecho durante la semana, tratando de utilizar todas las palabras clave de la tabla anterior que puedas. Tu compañero debe escucharte y marcar las palabras clave de digas. Al finalizar este tiempo, tu compañero sumará un punto por cada expresión para reformular que hayas utilizado, y restará un punto por cada una que hayas repetido. Ganará el que consiga más puntos.

19 **Antes de terminar.** Vuelve al glosario y comprueba que las anotaciones que hiciste eran acertadas. Amplía tus notas e incluye las correcciones que consideres necesarias.

20 **¿Te acuerdas de la Celestina?** Vuelve a leer la entrevista a la Celestina de la segunda actividad. Luego, elige a tu personaje de ficción favorito e imagina una entrevista con él. Recuerda que el entrevistador puede reformular las respuestas del personaje gracias a las palabras clave que has aprendido en este capítulo. Utiliza todas las que puedas.

Capítulo 10

¡Practicamos lo aprendido! Uso estratégico de las palabras clave para hablar sobre un tema: los anglicismos

En el español actual es muy habitual el uso de anglicismos, palabras prestadas del inglés como las que emplean los personajes de la viñeta: *banear*, *fake* y friki. El uso en español de *banear* y *fake* es muy reciente y aún no está completamente extendido y consolidado. Por eso, se escriben en cursiva. Otros anglicismos, como friki, llevan empleándose más tiempo, su uso está más extendido y ya aparecen en muchos diccionarios de español.

Este capítulo se organiza en torno a un artículo de opinión que trata la polémica generada por el uso excesivo de anglicismos y, en general, de palabras procedentes de otras lenguas, los extranjerismos. El objetivo del capítulo es doble. Por una parte, persigue que construyas una opinión crítica y personal sobre este tema y, por otra, que expreses esa opinión utilizando las palabras clave y estrategias discursivas que hemos aprendido a lo largo del libro.

La estructura de este capítulo es diferente a la del resto del libro, pues se divide en tres partes: 1) antes de la lectura, 2) durante la lectura y 3) después de la lectura.

PRIMERA PARTE: Antes de la lectura

Antes de leer el artículo de opinión sobre los anglicismos, nos gustaría saber qué sabes sobre los extranjerismos en general y tu opinión sobre su uso.

1 **Lluvia de palabras e ideas.** Cuando hablas en español, ¿utilizas palabras que proceden de otras lenguas? Seguramente sí. Haz una lista de las primeras que te vengan a la cabeza. ¿De qué lenguas proceden? ¿Destacan las palabras de algún ámbito en particular, como la informática o la moda? ¿Por qué crees que destacan algunas lenguas y ámbitos sobre otros? Y en tu lengua materna, ¿qué palabras procedentes de otros idiomas utilizas? ¿De qué lenguas proceden? ¿Destacan las de un ámbito en particular?

2 **Suenan las alarmas.** La Real Academia Española (RAE) es una institución cultural que formula recomendaciones sobre el uso de la lengua para garantizar la unidad del idioma. Lee el siguiente texto y responde a las preguntas que te hacemos a continuación. Luego, puedes ver el vídeo al que se refiere el texto. Lo encontrarás fácilmente buscando en Internet "Campaña contra el uso de anglicismos".

REVUELO EN LA REAL ACADEMIA

Los hablantes de español cada vez usan más palabras inglesas. Esto ha hecho saltar las alarmas de las instituciones que velan por el uso de la lengua española. En mayo del 2016, la Real Academia Española y la Academia de Publicidad lanzaron la "campaña contra el uso de anglicismos". En esa campaña publicitaria se observaban las divertidas reacciones de los consumidores que, hipnotizados por los anglicismos, habían comprado dos productos: una colonia llamada *Swine* (cerdo) y unas gafas de sol llamadas *Blind effect* (efecto ciego).

(a) ¿Qué palabra clave se ha utilizado en la segunda frase para recoger la información de la primera? Cámbiala y sustitúyela por una nominalización, después por una etiqueta y, por último, por una etiqueta acompañada de un adjetivo.

(b) ¿Te parece positivo el uso de los anglicismos? ¿Crees que la etiqueta que has utilizado para responder a la pregunta anterior nos da pistas sobre tu opinión al respecto?

3 **Etiquetas para expresar otros puntos de vista.** Hemos pedido a cinco voluntarios que continúen el texto anterior. Fíjate en las etiquetas que emplean y decide si tienen una opinión positiva, neutra o negativa sobre el uso de los anglicismos. Luego, termina las frases. No olvides ser coherente con el punto de vista que señala la etiqueta.

(a)	Los hablantes de español cada vez usan más palabras inglesas. Este hecho...	*neutra*
(b)	Los hablantes de español cada vez usan más palabras inglesas. Esta aberración...	
(c)	Los hablantes de español cada vez usan más palabras inglesas. Esta innovadora tendencia...	

| (d) | Los hablantes de español cada vez usan más palabras inglesas. Este abuso... | |
| (e) | Los hablantes de español cada vez usan más palabras inglesas. Esta moda... | |

SEGUNDA PARTE: Durante la lectura

En este apartado profundizaremos en los problemas que, según algunas personas, provoca el uso de anglicismos. Para ello, leeremos un artículo de opinión publicado en el periódico *El País* y haremos, en primer lugar, un grupo de actividades sobre las ideas que presenta el texto (actividades 4–10) y, en segundo lugar, un grupo de actividades centradas en el uso de palabras clave (actividades 11–16).

4 **Un artículo de opinión.** El artículo que vamos a leer se titula *El anglicismo depredador*. Olvídate, de momento, de las palabras clave y lee el artículo centrándote en las ideas del autor. ¿Qué postura tiene frente al uso de los anglicismos?

A	Los anglicismos, galicismos y demás extranjerismos no causan alergias, ni hacen que baje el producto interior bruto, ni aumentan la contaminación ambiental. No matan a nadie.
B	No constituyen en sí mismos un mal para el idioma. Ahí está "fútbol", por ejemplo, que viene de *football* y se instaló con naturalidad mediante su adaptación como voz llana en España y aguda en América. Se aportó en su día la alternativa "balompié", y quedó acuñada en nombres como Real Betis Balompié, Albacete Balompié, Écija Balompié, Riotinto Balompié... o Balompédica Linense; pero la palabra "fútbol" acabó ocupando ese espacio y dejó "balompié" como recurso estilístico y tal vez como evocación de otras épocas.
	"Fútbol", eso sí, llegó a donde no había nada. Además, abonó su peaje; se supo adaptar a la ortografía y a la morfología de nuestro idioma, y progresó por él: "futbolístico", "futbolero", "futbolista"... Y venció ante una alternativa formada, sí, con los recursos propios del idioma pero que llegó más tarde.
C	Sin embargo, nos invaden ahora anglicismos que tenían palabras equivalentes en español: cada una con su matiz adecuado a su contexto. Ocupan, pues, casillas de significado donde ya había residentes. Y así acaban con algunas ideas y con los vocablos que las representaban. Se adaptarán quizás al español en grafía y fonética, pero habrán dejado antes algunas víctimas.
D	Llamamos a alguien "friki" (del inglés *freak*) y olvidamos "chiflado", "extravagante", "raro", "estrafalario" o "excéntrico". Necesitamos un *password* y dejamos a un lado "contraseña", o "clave". Se nos coló una nueva acepción de "ignorar" (por influencia de *to ignore*) que desplaza a "desdeñar", "despreciar", "desoír", "soslayar", "marginar", "desentenderse", "hacer caso omiso", "dar la espalda", "omitir", "menospreciar" o "ningunear". Olvidamos los cromosomas de "evento" (algo "eventual", inseguro; que acaece de improviso) y mediante la ya consagrada clonación de *event* se nos alejan "acto", "actuación", "conferencia", "inauguración", "presentación", "festival", "seminario", "coloquio", "debate", "simposio", "convención" y otras palabras más precisas del español que se refieren a un "acontecimiento" programado. Ya todo es un evento, aunque esté organizadísimo.

Elogiamos el *know-how* de una empresa y no recordamos "conocimiento", "práctica", "habilidad", "destreza", "saber hacer". Se estableció "chequear" (de *to check*) y arrinconamos "verificar", "comprobar", "revisar", "corroborar", "examinar", "controlar", "cotejar", "probar"… y tantos otros más adecuados en cada situación.

Se extiende ahora la palabra *fake* para descalificar un trabajo que falta a la verdad; y eso deja en el tintero expresiones como "manipulación", "engaño", "falsificación", "embuste", "farsa" o "patraña". En los espacios sobre talentos musicales nos presentan a un *coach*, voz que se propaga en detrimento de "preparador", "adiestrador", "profesor", "supervisor", "entrenador", "tutor", "instructor", "asesor", "formador"…

Y en los últimos tiempos se expande entre los entendidos en la Red el anglicismo españolizado "banear", que se relaciona con *banns* (amonestaciones) y *to ban* (prohibir). Su raíz no anda lejos del sustantivo "bandido" y del verbo "bandir". El bandido era buscado a través de un "bando" (de ahí la palabra, con la que también se vinculan "contrabando" y "contrabandista"); y "bandir" equivale en su etimología a "proscribir". Así pues, una persona "baneada" en Internet (porque insulta, calumnia, miente, altera el diálogo o usa palabras soeces) es alguien a quien se proscribe.

No pasa nada si pronuncian "banear" quienes se entienden con ese vocablo. Sí tendrán un problema si a causa de ello olvidan otras palabras más certeras para la ocasión: "vetar", "expulsar", "excluir", "apartar", "desterrar", "sancionar"…

| E | La riqueza de nuestro lenguaje depende de lo que decimos pero también de lo que dejamos de decir… y por tanto perdemos. El problema no es que lleguen anglicismos, sino que se rodeen de cadáveres. |

GRIJELMO, A. (12 de octubre de 2014) "El anglicismo depredador". EDICIONES EL PAÍS, S.L. (Todos los derechos reservados).

5 Poco a poco. Te habrás fijado en que el texto está dividido en 5 bloques temáticos: A, B, C, D y E. A continuación, te presentamos los títulos que podrían tener estos bloques. ¿A qué bloque le corresponde cada título? ¿Se te ocurren otros títulos? Propón los tuyos.

(i) Un ejército de ejemplos
(ii) Un anglicismo que vino en son de paz
(iii) Que no cunda el pánico, los anglicismos no matan ni a una mosca
(iv) ¡Cuidado! No todos los anglicismos son pacíficos
(v) Efectos colaterales: los anglicismos matan palabras

6 Que no cunda el pánico. Olvídate del resto del artículo, pues, de momento, nos centramos únicamente en lo que dice el autor en el bloque (A). ¿Qué primera impresión nos da? Si solo atendemos a este bloque, ¿pensaríamos que el autor está a favor o en contra de la llegada de los anglicismos? Justifica tu respuesta.

7 Un anglicismo que vino en son de paz. En este bloque (B), el autor explica por qué la palabra "fútbol" se instaló en el español. Según dice, en el momento en que se adoptó este anglicismo, todavía no había una palabra española equivalente. Sin embargo, para pasar al español, la palabra *football* tuvo que "abonar su peaje". ¿A qué se refiere con esta expresión?

8 **¡Cuidado! No todos los anglicismos son pacíficos.** Este bloque (C) comienza con el conector **sin embargo,** que el autor utiliza para cambiar el rumbo de su argumentación. Fíjate en que pasa de decir, en los bloques anteriores, que los anglicismos "no matan a nadie" a decir, en este bloque, que "nos invaden" y que, además, dejan "víctimas". ¿A qué víctimas se refiere?

9 **Un ejército de ejemplos.** En este bloque (D), el autor demuestra cómo muchos anglicismos compiten con palabras que ya existen en español y que, según él, son mejores. ¿Por qué cree el autor que esas palabras son mejores?

10 **Efectos colaterales.** En este bloque (E), el autor concluye que muchos anglicismos dejan "cadáveres". ¿Qué nos quiere decir con eso? ¿Crees que es posible que una lengua evolucione sin dejar "cadáveres"?

11 **Palabras para ordenar (listas, clasificaciones y secuencias).** Ahora que ya conocemos el punto de vista del autor, vamos a utilizar las palabras clave que hemos practicado a lo largo del libro para expresar las ideas del texto. Clasifica los dos tipos de anglicismos que existen según el autor. Para ello, utiliza las expresiones para introducir listas y clasificaciones que vimos en el Capítulo 4. No olvides formular una frase introductoria para presentarlos.

12 **Palabras para añadir información y enfatizar.** En el bloque (D), el autor nos presenta diferentes ejemplos. El último de ellos lo introduce con la conjunción "y". Sustitúyela por una de las palabras clave del Capítulo 5 que te ofrecemos a continuación. Procura que sea coherente con el punto de vista del autor.

por si no fuera bastante • junto a estas palabras • otra cosa • encima • por si fuera poco

"Y en los últimos tiempos se expande entre los entendidos en la Red el anglicismo españolizado 'banear'"

13 **Palabras para comparar y contrastar.** Contrasta el anglicismo "fútbol" con algún otro que el autor mencione en el bloque (D). ¿En qué se diferencian? Explícalo utilizando las expresiones que hemos aprendido en el Capítulo 6.

14 **Palabras para expresar concesiones y contraargumentaciones.** En el bloque (B), observamos un obstáculo, "Se aportó en su día la alternativa 'balompié'", que no impidió que la palabra *football* se introdujera en el español. Forma una frase que refleje esta concesión utilizando una de las palabras clave del Capítulo 7.

15 **Palabras para expresar causas, razones y consecuencias.** En el bloque (C), nos encontramos con una relación causa-efecto, la causa es "nos invaden anglicismos que tenían palabras equivalentes", ¿cuál es la consecuencia? Conecta estas ideas mediante una de las palabras clave del Capítulo 8.

16 **Palabras para reformular, rectificar, generalizar y concretar.** En el último bloque (E), el autor nos dice que el uso de anglicismos deja "cadáveres". Extiende este párrafo con una frase en la que expliques lo que quiere decir el autor. Para ello, emplea una de las palabras clave del Capítulo 9.

TERCERA PARTE: Después de la lectura

En esta última parte del capítulo queremos que expreses tu punto de vista personal sobre el tema de los anglicismos. Para ello, a continuación, te presentamos las reacciones de algunos lectores al artículo que acabamos de leer. Fíjate en cómo emplean las palabras clave que hemos aprendido en los capítulos anteriores para dar sus puntos de vista personales, que manifiestan, con frecuencia, actitudes y opiniones diferentes a las del autor del artículo.

17 **Lo discutimos en el foro**. Lee el foro con las reacciones de los lectores y subraya las palabras clave que utilizan. Fíjate en cómo los participantes del foro utilizan esas palabras para interactuar y para expresar sus opiniones de manera organizada.

JULIA: Yo no creo que los anglicismos empobrezcan el lenguaje. Las palabras nuevas casi siempre añaden matices. Por ejemplo, yo, personalmente, utilizo *coach* para hablar de los "¿educadores?" de la tele; "profesor" para hablar de los del instituto y universidad; "maestro", para los de la escuela; "adiestrador", para el que educa perros y animales; "entrenador", para deportes; "supervisor" solo lo utilizo en contextos laborales, algo así como un *manager*; mejor dicho, "jefe".

ROSA: Jaja, ¡"jefe" viene del francés, Julia! Estamos perdidos... Lo curioso es que *manager* lo tomó el inglés de la palabra italiana *maneggiare*, que en español es "manejar", así que ahora tenemos en español *manager* que, por lo menos, se parece a "manejar" y a "mano". Total, que las palabras dan tantas vueltas que me marean. En cualquier caso, a mí no me gustan ni *coach* ni *manager*, espero que desaparezcan o se adapten a los moldes del español, como "jefe" ahora ¿no? Su desaparición alegraría a más de uno...

DAVID: Yo opino lo mismo que Julia. Por ejemplo, para mí los *password* tienen letras y solo sirven para páginas de Internet. En cambio, las "claves" tienen números y sirven para la tarjeta de crédito. "Contraseña" sí que me parece igual que *password*. A lo mejor, a partir de ahora empiezo a decir "contraseña", aunque me suene a mi abuela...

MIGUEL: Por cierto, esto me recuerda que ahora que ya soy viejo ☺ snif snif, me da vergüenza decir *friki* o *frikismo*. Hace años, por el contrario, decía muchísimo *friki*, porque me parecía una palabra muy actual y moderna. Aunque sea una tontería, ahora siento que si digo *friki* quiero parecer joven y enrollado, como esos señores que siguen vistiendo como adolescentes... En definitiva, ahora en lugar de *friki*, digo "raro". No obstante, tengo que reconocer que la palabra *friki* es más precisa que "raro", por muy castiza que sea.

YOLANDA: Todo esto me parece muy moderno... Yo digo y siempre diré "balompié". ¿Qué más da que apareciera primero "fútbol"? Parece ser que con llegar antes y no matar a nadie es suficiente... Pues sinceramente, ese criterio no me gusta nada. A mí me parece que "balompié" es mucho mejor que "fútbol" por dos razones. Por una parte, está formada por las palabras "balón" y "pie", las dos españolas. Por otra parte, no tiene esa "t" intercalada de "fútbol", que es muy rara en español y me irrita.

PAUL: Ja, ja, por qué cosas te irritas... Eres rarísima ☺ ¡¡Nunca he escuchado a nadie decir "balompié"!! Sin embargo, tengo que reconocer que tienes razón en algo... Por aquí casi todo el mundo pronuncia "fúbol" e incluso "fúrbol", sin la "t".

GONZALO: Creo que el caso de *know-how* es diferente. Yo, como especialista en *marketing*, necesito un término que diferencie con claridad el concepto al que me refiero. Por esa razón, no me valen las palabras similares "conocimiento", "práctica" o "habilidad"...

CRISTINA: ¡Ya llegó el especialista! ¡VOSOTROS SOIS EL PROBLEMA! Deberíais buscar palabras del español para los nuevos conceptos que aparezcan. Es vuestra responsabilidad.

GONZALO: Disculpe, Cristina, mi responsabilidad es hacer bien mi trabajo, no inventar palabras. No es mi culpa si luego todo el mundo empieza a utilizar tecnicismos porque creen que son muy elegantes. Otra cosa, este es un foro educado y aquí no hablamos en el tono en el que usted lo ha hecho.

CAROLA: Yo creo que las palabras no son personas. Por tanto, no debe darnos pena que desaparezcan o se conviertan en cadáveres. ¿No ha ocurrido eso siempre? Además, la mayor parte de los extranjerismos de hoy son modas pasajeras y también desaparecerán. Y los que se queden, seguramente serán útiles y de tanto utilizarse por personas diferentes, acabarán adaptándose al español. ¡¿Quién pensaría hoy que nuestros mariachis y nuestra "ch" fueron, en su día, "invasiones" francesas?!

RODRIGO: Je, je, estoy completamente de acuerdo con ese punto de vista. Especialmente con que muchos anglicismos son expresiones de moda que desaparecen pronto. Sin ir más lejos, ayer una amiga se rio de mí porque dije *it girl*, por lo visto, ahora hay que decir *influencer*. Eso me pasa por hacerme el moderno.

18 **¿Quién lo dice?** Escribe el nombre o nombres de los lectores que expresan las siguientes opiniones. Ten en cuenta que un mismo lector puede manifestar diferentes opiniones y que varios lectores están de acuerdo con una misma opinión.

(a) Los especialistas introducen muchos extranjerismos que luego utilizan todos los hablantes. Si ellos utilizaran otras alternativas, se acabaría el problema.

(b) Los anglicismos no empobrecen la lengua, al revés, añaden matices.

(c) Muchas palabras que ahora nos parecen muy españolas también fueron, en su día, palabras "invasoras", por lo tanto, lo mismo puede pasar con los extranjerismos que hoy nos alarman.

(d) Son mejores los extranjerismos que se adaptan al español.

(e) Muchas veces, las palabras nuevas son señas de identidad de grupos socia-les. Ese es su matiz: las utilizamos para diferenciarnos de los demás y para señalar que pertenecemos a un grupo.

(f) Lo que ocurre ahora con los anglicismos siempre ha ocurrido: la mayor parte de los anglicismos que ahora están de moda desaparecerán y los que se queden se adaptarán.

(g) Incluso los extranjerismos "buenos" son malos.

(h) Muchos extranjerismos son solo vocabulario técnico, pero hay gente que los utiliza porque piensa que es más elegante decir palabras extranjeras.

(i) No comprendo por qué a la gente le da pena que desaparezcan las palabras y que las lenguas cambien.

19 **¿Subrayaste todas las palabras clave del foro?** En la actividad 17, te pedimos que subrayaras todas las palabras clave del foro. Organízalas en la siguiente tabla, en la que hacemos un recorrido por los capítulos anteriores. Vuelve a fijarte en cómo las utilizan los participantes del foro, pues en la última actividad, tú deberás emplearlas para expresar tu opinión sobre este tema.

Capítulo 1 Etiquetas de discurso	Yolanda: _____ Rodrigo: _____
Capítulo 2 Nominalizaciones	Rosa: _____
Capítulo 3 Demostrativos neutros	Miguel: _____ Yolanda: _____ Carola: _____ Rodrigo: _____
Capítulo 4 Palabras para ordenar (listas, clasificaciones y secuencias)	Yolanda: _____
Capítulo 5 Palabras para añadir información y enfatizar	Miguel: _____ Gonzalo: _____ Carola: _____
Capítulo 6 Palabras para comparar y contrastar	David: _____ Miguel: _____ Gonzalo: _____
Capítulo 7 Palabras para expresar concesiones y contraargumentaciones	Rosa: _____ Miguel: _____ Paul: _____
Capítulo 8 Palabras para expresar causas, razones y consecuencias	Rosa: _____ Gonzalo: _____ Carola: _____
Capítulo 9 Palabras para reformular, rectificar, generalizar y concretar	Julia: _____ Rosa: _____ David: _____ Miguel: _____ Rodrigo: _____

20 Proyecto final. Para finalizar, escribe un artículo de opinión que refleje tu punto de vista personal sobre el uso de los extranjerismos. Puedes hablar sobre los siguientes temas u otros que prefieras:

(a) Las diferentes actitudes que existen ante el uso de los extranjerismos.

(b) Los ámbitos y las personas que usan más extranjerismos.

(c) Tu experiencia personal sobre el tema.

(d) Los extranjerismos en otras lenguas que conozcas.

En definitiva, se trata de que escribas un artículo completamente libre en cuanto al contenido, para lo que, quizás, te convenga, antes de escribir, investigar un poco más sobre el tema y planificar tu texto. En cuanto a la forma, te sugerimos que emplees las palabras que hemos aprendido a lo largo del libro para organizar tu artículo con claridad y para que, además, cumplas, al menos, cinco de los siguientes requisitos:

(a) Define los términos a discutir (con las palabras clave que reformulan o explican)

(b) Presenta las partes de las que vas a hablar y distínguelas unas de otras (con las palabras clave para ordenar listas y clasificaciones)

(c) Compara las ideas que presentes (con las palabras clave para comparar y contrastar)

(d) Añade detalles y ejemplos allí donde sea útil hacerlo (con las palabras clave para añadir y ejemplificar)

(e) Identifica los problemas, sus orígenes y consecuencias (con las palabras clave para expresar causas, razones y consecuencias)

(f) Ofrece argumentos y contraargumentos para apoyar y rebatir las ideas que presentes (con las palabras clave para expresar razones y consecuencias y con las palabras clave para contraargumentar)

(g) Presenta tus propias conclusiones (con las palabras clave que reformulan para concluir)

Glosario

A

A continuación (Cap. 4)
A pesar de eso (Cap. 3)
A pesar de (que) (Cap. 7)
A propósito (Cap. 5)
Abajo (Cap. 4)
Acontecimiento (Cap. 1)
Acto seguido (Cap. 4)
Además (Cap. 5)
Advertencia (Cap. 2)
Amenaza (Cap. 1)
Ante esta situación (Cap. 1)
Aquello parecía (Cap. 3)
Así que (Cap. 8)
Asimismo (Cap. 5)
Asunto (Cap. 1)
Aumento (Cap. 1)

B

Búsqueda (Cap. 2)

C

Características (Cap. 4)
Causar (Cap. 8)
Circunstancia (Cap. 1)
Coincidir con (Cap. 6)
Como (Cap. 8)
Como resultado de (Cap. 8)
Con estas medidas (Cap. 3)
Concretamente (Cap. 9)
Confesión (Cap. 2)

En primer lugar, en segundo lugar (Cap. 4)
En resumen (Cap. 9)
En último lugar (Cap. 4)
Encima (Cap. 5)
Equivocación (Cap. 1)
Es decir (Cap. 9)
Escenario (Cap. 1)
Eso significa que (Cap. 3)
Estas medidas buscan (Cap.3)
Este plan persigue (Cap. 3)
Esto es (Cap. 9)
Esto último (Cap. 3)
Estos hechos demuestran (Cap. 3)
Etapa (Cap. 4)
Explicación (Cap. 2)

F

Fase (Cap. 4)
Fracaso (Cap. 1)

G

Generar (Cap. 8)
Gracias a (que) (Cap. 8)

H

Hacer posible (Cap. 8)
Hecho (Cap. 1)
Hipótesis (Cap. 1)

I

Idéntico (Cap. 6)
Igual (Cap. 6)
Igualmente (Cap. 5)
Impedir (Cap. 3)
Incidente (Cap. 1)
Incluso (Cap. 5)
Indicar (Cap. 4)
Influir (Cap. 8)
Iniciativa (Cap. 1)

J

Juicio (Cap. 1)
Junto a (Cap. 5)

L

Lo contrario (que) (Cap. 6)
Lo mismo (que) (Cap. 6)
Luego (Cap. 4)

M

Malentendido (Cap. 1)
Medida (Cap. 1)
Mejor dicho (Cap. 9)
Mejoría (Cap. 1)
Mientras que (Cap. 6)
Mismo (Cap. 6)
Motivar (Cap. 8)
Múltiples (Cap. 4)

N

Nada de eso (Cap. 3)
Ni siquiera (Cap. 5)
No obstante (Cap. 7)
Numerosos (Cap. 4)

O

O sea (Cap. 9)
Ocasionar (Cap. 8)
Oponerse a (Cap. 6)
Opuesto (Cap. 6)
Otra cosa (Cap. 5)
Otra posibilidad es (Cap. 3)
Oye (Cap. 5)

P

Panorama (Cap. 1)
Para colmo (Cap. 5)
Para lograr este objetivo (Cap. 3)

Para terminar (Cap. 4)
Parecerse a (Cap. 6)
Parecido (Cap. 6)
Paso (Cap. 4)
Percepción (Cap. 1)
Pese a (que) (Cap. 7)
Petición (Cap. 2)
Por cierto (Cap. 5)
Por consiguiente (Cap. 8)
Por culpa de (que) (Cap. 8)
Por el contrario (Cap. 6)
Por ejemplo (Cap. 9)
Por esa razón (Cap. 3)
Por ese motivo (Cap. 3)
Por eso (Cap. 8)
Por si fuera poco (Cap. 5)
Por si no fuera bastante (Cap. 5)
Por (lo) tanto (Cap. 8)
Por último (Cap. 4)
Por un lado... por otro (lado) (Cap. 4)
Por una parte... por otra (parte) (Cap. 4)
Postura (Cap. 1)
Promesa (Cap. 2)
Protesta (Cap. 2)
Provocar (Cap. 8)
Puesto que (Cap. 8)
Punto de vista (Cap. 1)

Q

Querer decir (Cap. 9)

R

Razón (Cap. 4)
Referirse a (Cap. 9)
Reflexión (Cap. 1)
Resultado (Cap. 8)

S

Significar (Cap. 9)
Siguiente (Cap. 4)
Similar (Cap. 6)

Situación (Cap. 1)
Sin embargo (Cap. 6 y 7)
Sin ir más lejos (Cap. 9)
Sospecha (Cap. 1)
Suceso (Cap. 1)
Sugerencia (Cap. 2)
Suponer (Cap. 2)

T

Tendencia (Cap. 1)
Tener que ver con (Cap. 3)
Testimonio (Cap. 1)
Tipos de (Cap. 4)
Todo eso (Cap. 3)
Total (Cap. 9)
Tras esto último (Cap. 4)

V

Vamos (Cap. 9)
Varios (Cap. 4)
Vaya (Cap. 9)

Y

Ya que (Cap. 8)

Transcripciones de los audios

Audio 1 (Capítulo 1, actividad 10)

PRESENTADOR: Imagino que estarán al corriente de la Ley Antitabaco, según la cual ya no se podrá fumar en lugares públicos. Hoy estamos en el centro de Barcelona y vamos a preguntar a la gente que pasa por la calle qué opina sobre este asunto.

Buenos días, señora, y perdone que le moleste, ¿le podría hacer una pregunta para *Onda Lironda*?

PARTICIPANTE 1: Sí, claro.

PRESENTADOR: Muchas gracias, pues le quería preguntar su opinión sobre la prohibición de fumar en lugares públicos.

PARTICIPANTE 1: Pues mire, yo creo que, con estas medidas exageradas muchos negocios se verán afectados. Yo trabajo en un restaurante y más de la mitad de los clientes son fumadores. La verdad es que estoy un poco preocupada. A mí me parece una metedura de pata.

PRESENTADOR: Muchas gracias por compartir su opinión.

PARTICIPANTE 1: De nada.

PRESENTADOR: Continuamos nuestra entrevista a otros barceloneses. Nos acercamos a un grupo que está sentado en una terraza. Buenos días, les hablo desde *Onda Lironda*, ¿me podrían dar su opinión sobre la prohibición de fumar en lugares públicos?

PARTICIPANTE 2: Yo soy fumadora, pero creo que son decisiones acertadas que van a mejorar la calidad de vida de los no fumadores.

PRESENTADOR: ¿Ustedes comparten esta opinión?

PARTICIPANTE 3: Esa es una medida que se ha tenido que tomar por alguna razón. Yo ahí no me meto. Vamos, que me da igual, que yo además no fumo, pero, vamos, que a mí el humo no me molesta nada.

PRESENTADOR: Muchas gracias por sus respuestas, que pasen un buen día.

Audio 2 (Capítulo 2, actividad 12)

PRESENTADOR: Buenos días, queridos amigos de *De buena mañana*, vamos a ver qué dice hoy la gente de la calle sobre las normas para peatones... Buenos días, ¿conoce nuestro programa televisivo *De buena mañana*? ¿Le importaría que le hiciera unas preguntas?

ENCUESTADA 1: Sí, por supuesto, dígame.

PRESENTADOR: ¿Se ha enterado que durante esta Navidad solo podrá caminar por la calle Preciados si va en dirección a la Puerta del Sol, y que está prohibido caminar en la dirección contraria?

ENCUESTADA 1: Sí, ya me he enterado de esta prohibición absurda. Desde luego... a este ayuntamiento le encanta decir a la gente lo que tiene que hacer. ¿Qué será lo próximo?

PRESENTADOR: Muchas gracias, muy amable... Vamos a preguntar a otro peatón. Disculpe, ¿qué opina usted sobre hacer estas calles de un solo sentido para los peatones?

ENCUESTADA 2: ¡Qué voy a opinar! ¡Esta estupidez se suma a la lista interminable de desatinos que se le han ocurrido a esa señora! Dentro de poco nos va a poner multa por detenernos a mirar en un escaparate.

PRESENTADOR: Parece que la medida no le ha sentado bien a todo el mundo... vamos a preguntar a esta otra joven... Hola, buenos días, ¿Qué le parece que solo se pueda caminar en una dirección por algunas calles de Madrid?

ENCUESTADA 3: Me parece muy bien. Estas soluciones creativas son justo lo que necesitamos para evitar males mayores. Imagínese que hay un accidente... Además, en Navidad, en Madrid, no se puede ni respirar de lo lleno que está de gente. Seguro que ahora se estará mucho mejor.

PRESENTADOR: Pues ya lo han visto, como siempre, hay opiniones para todos los gustos. Devolvemos la conexión a nuestros estudios...

Audio 3 (Capítulo 4, actividad 11)

Las lenguas romances o románicas son una familia de lenguas estrechamente relacionadas entre sí, porque todas proceden de la evolución del latín vulgar. Existen dos grandes grupos de lenguas románicas. Por un lado, distinguimos la rama occidental y, por otro, la rama oriental.

La rama occidental se divide, a su vez, en lenguas iberorrománicas y en lenguas galorrománicas. Las principales lenguas iberorrománicas son, en primer lugar, el español, que se habla en la mayor parte de los países americanos y en toda España. En segundo lugar, el portugués, que es hablado, principalmente, en Brasil y Portugal. Por último, el catalán, que se habla en algunas regiones españolas. Entre las lenguas galorrománicas destacan el francés y el provenzal.

En la rama oriental existen otros dos grupos de lenguas: por una parte, las lenguas italorromances, de las que proceden el italiano, y, por otra parte, las balcorromances, como el rumano.

Audio 4 (Capítulo 5, actividad 11)

NARRADOR:
En un reino por ahí perdido,
una princesa se queja con alboroto
pues no le gusta el marido
que los reyes le han escogido.

ROSALINDA:

> He visto su foto y el tipo no es muy apuesto,
> encima lleva barba y bigote,
> y eso es algo que detesto.
> Y ni siquiera se afeita
> los pelitos del cogote.

REY:

> Rigoberto es buen partido
> posee buenos caballos y mejor vestido.
> Por si esto fuera poco,
> es muy diestro con la espada,
> e incluso, se comenta por ahí, que peleó con la armada.

REINA:

> Es inteligente y no está loco,
> es educado y galante.
> Y, por si no fuera bastante,
> tiene un *look* interesante...
> Asimismo, pienso que es un buen partido.
> Mejor que otros pretendientes
> que últimamente hemos tenido.

ROSALINDA:

> Es engreído y vanidoso
> y, para colmo,
> no es nada hermoso:
> son enormes sus narices,
> tremebundas sus orejas,
> tiene muchas cicatrices.
> Y, además, tiene granos en las cejas.

REY:

> Hija, yo no sé de qué te quejas...

ROSALINDA:

> Por si no fuera bastante, me gustaría añadir
> que a Rigoberto no le gusta salir,
> se pasa todo el día en su castillo,
> y así está el tío, tan feo y tan amarillo.
> No lo quiero ver ni en pintura,
> ya os he dicho, que es un cardo.
> Además, a quien yo amo con locura
> es al príncipe Leonardo.

Audio 5 (Capítulo 5, actividad 14)

PRESENTADORA: Hoy nos encontramos en el pequeño pueblo de Moralejas, para entrevistar a Mariano Fernández. Según cuenta, ayer, a las siete, aterrizó un platillo y, de este, bajó un extraterrestre:

– Buenos días, don Mariano ¿Nos puede dar una descripción de lo que vio?

DON MARIANO: Yo me acababa de levantar como siempre y salí al patio para dar de comer a las gallinas, entonces lo vi llegar... Tenía la cabeza con forma de calabaza y tres ojos, uno debajo de la nariz... ah, además de eso, tenía dos antenas, pero muy raras. Por si esto no fuera bastante, tenía cuatro brazos con dos codos cada uno y dos dedos en cada mano.

PRESENTADORA: ¿Hizo algún ruido?

DON MARIANO: Un ruido espantoso, como de otro mundo. Encima, cada vez era más fuerte.

PRESENTADORA: Según los expertos en este tipo de cosas, los extraterrestres suelen ser bastante tímidos, incluso un poco fríos con los humanos, ¿le pareció que era ese el caso?

DON MARIANO: Pues sí, ni siquiera se acercó a mí cuando le di los buenos días. Se quedó inmóvil, incluso cuando le empecé a tirar piedras. Después, se fue volando en su platillo por donde había venido.

PRESENTADORA: ¿Le tiró usted piedras al marciano?

DON MARIANO: ¿Y qué quiere? Había aparcado en medio de mi huerto. Para colmo, había hecho tanto ruido que había despertado a mi mujer; y, cuando a mi parienta la despiertan antes de su hora, luego no hay quien la aguante...

PRESENTADORA: Otra cosa, don Mariano, ¿nos puede decir algo de su estatura?

DON MARIANO: No sé qué decirle, más o menos me llegaba a la cintura. Eso sí, las piernas eran muy delgadas y muy cortas, como las de mis gallinas.

PRESENTADORA: Pues muchas gracias por la noticia, eso es todo.

DON MARIANO: Por cierto, señorita, esto que ha grabado usted es confidencial, ¿verdad? A ver si en el pueblo van a decir que estoy loco...

Audio 6 (Capítulo 6, actividad 13)

LAURA: He comprado un perro esta semana, es una ricura.

RAFAEL: ¡No me digas! ¿Y de qué raza es?

LAURA: Es un bulldog... según me han dicho en la perrera. Es un perro que se adapta a la vida en un piso, por eso lo he escogido. También tenían un chihuahua de tres meses...

RAFAEL: Bueno, la verdad es que, si es por el piso, no hay diferencias entre esos perros. Es decir, los dos se adaptan muy bien a vivir en un espacio reducido. Pero creo que en otras cosas son muy distintos... y no te hablo solamente del tamaño.

LAURA: ¡Hombre, por una vez, tú y yo compartimos la misma opinión! En efecto, estos dos perros no se parecen en nada.

RAFAEL: Tampoco es eso... coinciden en algunas cosas, los dos establecen buenas relaciones con sus dueños, por ejemplo. Pero, sí, en general, son perros muy distintos... sin ir más lejos, los chihuahuas son muy muy ágiles, en cambio, los bulldogs son un poco torpes.

LAURA: Sí, vale, pero a mí eso no me importa. El perro que he escogido me viene mejor como perro guardián, para que no entren ladrones en casa. ¿No me vas a negar que un bulldog intimida más que un chihuahua?

RAFAEL: Ja, ja, claro que no. Tienes razón. Por eso, mucha gente los tiene para defender la casa. En ese aspecto, la diferencia entre los dos es abismal.

LAURA: A mí lo que más me ha convencido es que el bulldog es un buen perro si tienes niños, porque es muy tranquilo y paciente, mientras que el chihuahua, al ser un perro inquieto y con poca paciencia, no es lo mejor para tener en casa si tienes niños como los míos.

Audio 7 (Capítulo 7, actividades 14 y 15)

EMILIA: Estamos una tarde más con el doctor León en Radio 34. Hoy nuestro doctor nos va a hablar de las agujetas. Buenos días Dr. León.

DR. LEÓN: Hola Emilia, ¿cómo estás? Pues sí, hoy vamos a hablar de las agujetas, de las que todos hemos sufrido en alguna ocasión después de hacer ejercicio. Ese dolor agudo que se siente como un pinchazo. Mucha gente piensa que lo mejor es hacer más ejercicio, sin embargo…, yo no lo recomiendo…

EMILIA: Mejor un descanso, ¿no?

DR. LEÓN: Efectivamente, hacer ejercicio solo agravaría más el problema… les habrán aconsejado que tomen agua con azúcar… yo, la verdad es que no creo que el agua con azúcar haga mucho, de todas formas, no les va a hacer mal.

EMILIA: ¿Entonces?

DR. LEÓN: Lo mejor es prevenir, se debe hacer ejercicio gradualmente, poco a poco. Empezar con ejercicio ligero y durante poco tiempo y, poco a poco, ir ampliando… No obstante, incluso empezando con poco ejercicio, algunas veces tenemos agujetas. Y es que, cuando no se ha hecho ejercicio durante mucho tiempo es inevitable. Tengan paciencia, en cualquier caso, no les durarán mucho.

Audio 8 (Capítulo 8, actividad 13)

PRESENTADORA: Un día más aquí con ustedes, hoy tenemos con nosotros a Lucrecio Flores que nos llama desde Móstoles para contarnos su problema, a ver si, entre todos, le ayudamos a encontrar las razones que explican su situación. Pero, primero, conozcámosle un poco:
  – Buenos días Lucrecio, ¿cómo estás?

LUCRECIO: Hola a todos, pues mira, muy mal, mi mujer me ha echado de casa y llevo en la calle desde hace dos días, durmiendo en un parque.

PRESENTADORA: ¿Y no sabes por qué te ha pasado esto?

LUCRECIO: No lo comprendo, hasta hace una semana yo estaba de maravilla, jugando al bingo todas las tardes…

PRESENTADORA: ¿Entonces te gusta apostar? ¿Va tu mujer contigo?

LUCRECIO: No, a ella no le gustan estas cosas. Y no veas cómo se puso cuando se enteró el lunes pasado, menuda me armó. Cuando se enteró de que me pasaba todas las tardes en el bingo, aprovechó para echarme mil cosas a la cara. Que si tengo que buscar trabajo…, que no puede ser…, que ella matándose en la tienda y yo todo el día viendo la tele… Pero no es cierto.

PRESENTADORA: ¿No?

LUCRECIO: Para nada, como te digo, por las tardes me voy al bingo y al medio día casi siempre estoy en bar. Así que, de ver la tele nada, pero ¡qué iba a saber ella! ¡Si se pasa todo el día fuera en la tienda!

PRESENTADORA: ¿Trabaja tu mujer en una tienda?

LUCRECIO: Sí, en el súper de la esquina. Que yo lo entiendo, que hay que comer, pero eso no es para que me eche de casa.

PRESENTADORA: ¿Y quién se encarga de la casa mientras ella esta fuera?

LUCRECIO: Mientras ella está fuera, nadie que yo sepa. A veces vienen mujeres a casa a hacerme compañía, pero no para limpiar, ja, ja, ja...

PRESENTADORA: Esto es demasiado. Vamos a tener que pedirte que cambies por completo tu modo de ser tan machista. Coge papel y lápiz...

Audio 9 (Capítulo 9, actividad 15)

VECINA 1: El vecino de enfrente, el señor Antonio, sale de casa antes que yo, como a las nueve de la mañana, y trabaja por lo menos hasta las siete. En definitiva, nunca llega a casa antes de las cinco.

VECINA 2: Por otro lado, doña Dolores, la vecina del cuarto, ya está muy mayor y casi no puede subir las escaleras, vamos, que es imposible que haya subido dos pisos.

VECINA 1: No digo que no, pero el ascensor lleva arreglado ya dos semanas, o sea que ha podido ser ella, pues pudo subir al sexto en ascensor.

VECINO 3: Yo no me creo que doña Dolores no se pueda mover. La mujer todavía se mantiene muy bien. Sin ir más lejos, la encontré el otro día yendo al gimnasio y me dijo que había hecho aquagym.

VECINA 1: Puede que tengas razón. ¿Y qué me decís de don Álvaro? A mí ese hombre siempre me ha parecido muy raro.

VECINO 3: Imposible, lo conozco desde hace mil años. Es un hombre muy bueno, en fin, que no es capaz de matar una mosca.

VECINA 1: ¿Estás seguro?

VECINO 3: Segurísimo, además está de vacaciones en Barcelona con sus hijos, total, que no pudo ser él porque lleva un mes sin estar por aquí.

Solucionario

Capítulo 1

1 Primer párrafo: este movimiento. Segundo párrafo: este acontecimiento. Tercer párrafo: este punto de vista.

2 Hechos: (b) estos sucesos, (c) esas acciones, (g) el incidente. Ideas: (d) esta hipótesis, (e) esta creencia, (f) su sospecha.

3 Ideas: incidentes. Situación: decisión. Cambios: posibilidad. Declaraciones: planes.

4 (b) este panorama, (c) este aumento, (d) Estas reflexiones, (e) estas palabras, (f) su decisión.

5 a-III, b-I, c-II, d-V, e-IV, f-VI.

6 (a) esta iniciativa, (b) Esta tendencia, (c) la decisión, (d) ese panorama, (e) otra posibilidad.

7 "Como decíamos ayer".

8 Valoración positiva: condiciones favorables, descubrimiento revolucionario, acertada decisión, ambiciosa iniciativa, buena noticia y éxito arrollador. Valoración negativa: falsa creencia, panorama desolador, situación desastrosa, metedura de pata, fracaso estrepitoso, medida controvertida, derrota, despiste y equivocación.

9 Sugerencias: b-I (situación desesperada), c-II (plan solidario), d-III (interesante teoría), e-IV (admirable trabajo).

10 (1) descontento (medidas exageradas), (2) satisfecho (decisiones acertadas), (3) indiferente (medida).

11 (b) Esta tendencia está cambiando el modo en el que adquirimos... (c) Este cambio puede estar relacionado con la mejora... (d) Nadie comprende su decisión, porque nos había dicho que...

12 Sugerencias: (b) Su madre le dijo que estudiara un poco más para el examen de matemáticas de la próxima semana. Desgraciadamente, Jaimito no siguió su consejo y, en su lugar, se pasó el día en la calle jugando con sus amigos. Como era de esperar, suspendió el examen. (c) Puede que no vuelva a ver a Julián porque se muda a Australia la próxima semana. Solo de pensar en esta posibilidad se me ponen los pelos de punta, Julián ha sido como un hermano para mí y estoy muy unida a él. (d) El Gobierno ha empezado a privatizar algunos servicios públicos, como los trenes y la gestión de los aeropuertos, para resolver la crisis económica. La oposición cree que esta solución puede

funcionar a corto plazo, pero que, a largo plazo, puede ser desastrosa para el país. (e) Estoy seguro de que no trabajaré nunca más con ellos porque son muy irresponsables y no se preocupan por los detalles. He tomado esta decisión después de muchos días sin dormir y no creo que vaya a cambiarla.

13 (b) estas advertencias, (c) esa mentira, (d) sus preguntas, (e) esta amenaza, (a) esa situación.

14 Sugerencia: creo que debes dejar de fumar → voy a seguir tu consejo porque me duele la garganta y el tabaco ha subido mucho de precio…

Capítulo 2

1 el descubrimiento ← descubrió, esta generosa donación ← donó, la condecoración ← fue condecorado.

2 (a) decisión, decidir (b) opinión, opinar (c) mejoría, mejorar (d) creencia, creer (e) explicación, explicar (f) derrota, derrotar (g) enfrentamiento, enfrentarse.

3 -ción: recuperar → recuperación, cooperar → cooperación, pedir → petición, investigar → investigación. -encia: existir → existencia, advertir → advertencia, exigir → exigencia, sugerir → sugerencia, creer → creencia. -miento: sentir → sentimiento, sufrir → sufrimiento, entrenar → entrenamiento.

4 (b) alivio, ~~movimiento~~, ahorro, logro (c) lucha, crítica, duda, ayuda, ~~aspiración~~, práctica (d) sufrimiento, entrenamiento, ~~declaración~~, descubrimiento, pensamiento (e) pretensión, confesión, ~~aislamiento~~, dimisión, inversión (f) combate, empate, ~~llamada/llamamiento~~, desfile (g) advertencia, sugerencia, insistencia, ~~búsqueda~~, asistencia (h) ~~triunfo~~, inspiración, consideración, recuperación.

5 pensamientos, sugerencia, sentimiento, inspiración.

6 (1) advertencias, (2) colaboración, (3) anuncio, (4) crecimiento, (5) sentimiento, (6) creencias.

7 (a-II) (lucha), (b-III) (crecimiento), (c-I) (sufrimiento), (d-IV) (consumo), (e-V) (recuperación).

8 Sugerencias: (b) La denuncia ha ocasionado un gran trastorno a los familiares. (c) El despido ha sido excesivo, hubiera bastado con un aviso. (d) La transferencia ha sido bien recibida por el receptor, que dice que ya se ha gastado casi todo el dinero. (e) La movilización ha sido masiva y a ella han acudido todos con pistolas y hogazas. (f) El arresto no le dejó helado.

9 Sugerencias: (b) Los estudiantes llevan protestando semanas por el aumento del precio de las tasas de matrícula. (c) El director de nuestro centro ha cambiado la política de contrato de personal para igualar las oportunidades entre hombres y mujeres. (d) Nuestra empresa ya ha empezado a colaborar con otras compañías textiles preocupadas por el medio ambiente. (e) Un chico de doce años desapareció el pasado lunes por la tarde.

10 Sugerencias: (b) El lunes mi hermano me llamó por teléfono para felicitarme por mi cumpleaños. Su llamada me sorprendió bastante, porque es muy despistado y siempre se olvida de los cumpleaños. (c) A principios del siglo XIX las tropas francesas derrotaron a las españolas en diferentes batallas. La

derrota fue el comienzo de la ocupación del país por el ejército francés, que duró hasta 1814... (d) Me confesó el crimen y se entregó a la policía. Aunque no me lo podía creer, su confesión parecía sincera.

11 Sugerencias: (b) prohibirá/prohibición → injusticia, (c) ha calculado/cálculo → *Esta* equivocación, (d) consume/consumo → abuso, (e) diseñaron/diseño → *Esta* genialidad.

12 A favor: estas soluciones creativas. En contra: esta prohibición absurda, esta estupidez.

Capítulo 3

1 a: 7; b: 4; c: 10; d: 11.

2 a-III, b-I, c-IV, d-V, e-II.

3 (b) II, (c) II, (d) III.

4 a-III, b-VII, c-II, d-VIII, e-V, f-IV, g-I, h-VI.

5 (a) Por eso, (b) Esto último, (c) A pesar de eso, (d) Nada de eso, (e) Todo eso, (f) Aquello parecía, (g) Eso significa que.

6 La respuesta depende de cada idioma.

7 Sugerencias: (b) muchas mujeres tuvieron que depender toda su vida de sus maridos. (c) que nos quedemos en casa y ahorremos algo de dinero. (d) acabar con el alcoholismo juvenil. (e) me he apuntado a una academia que hay cerca de casa. (f) se prevé que el número de accidentes en carretera disminuya.

8 Sugerencias: (b) Este sorprendente hallazgo, (c) estas medidas sensatas, (d) Este comportamiento despiadado, (e) Esta terrible desgracia, (f) esta decisión equivocada.

9 Sugerencias: (b) Esta falta de alimentos, (c) Este abuso en los precios, (d) Este secreto importantísimo, (e) Todas estas desgracias.

10 (I) esta oportunidad, esta desgracia, esto; (II) aquel hurto, aquello, aquella travesura; (III) Estas "sorpresas", la llamada; (IV) promesa, esa mentira, sus palabras.

11 Puedes inspirarte con los ejemplos de la actividad 10.

12 (1) etiquetas, (2) nominalizaciones, (3) pronombres neutros.

Capítulo 4

1 Oración introductoria: (7) A continuación, te ofrecemos algunos consejos para que te puedas tomar con calma los exámenes y así sacar el mayor rendimiento a tu trabajo. Conector ordenador: (13) por último. Sugerencias: (8) En primer lugar... (9) En segundo lugar... (10) En tercer lugar...

2 Sugerencias: (b) consta de numerosos... distintos, (c) presentamos múltiples (d) presentó diversos motivos, (e) existen... clases, (f) fases.

3 (a) existen, (b) siguientes problemas, (c) indicamos... pasos, (d) Muchas... diversos factores, (e) consta de, (f) A continuación... varios lugares.

4 Sugerencias: (a) A continuación, te presentamos algunas de las ventajas de aprender español. (b) Antes de empezar a conducir, es necesario que sigas los siguientes pasos. (c) Para poner una lavadora debes seguir las siguientes instrucciones. (d) El mundo fantástico de la Tierra Media, creado por J. R. R. Tolkien, está habitado por seis razas diferentes.

5 Lista1: c, l, h, n; lista 2: g, e, a, b, ñ; lista 3: j, f, d, m, i.

6 (b) En primer lugar, (d) En segundo lugar, (a) En tercer lugar, (c) Después, (e) Por último.

9 Sugerencias: (b) por otro lado, tenemos los sustantivos femeninos, que suelen terminar en -a (c) por otro lado, provocan mucho estrés a los alumnos. (d) por otro lado, estaban los que estaban a favor del régimen anterior, que la perdieron. (e) por otro lado, amenazan con dejar a muchas personas sin trabajo. (f) por otro lado, están las personas sensatas, que consideran que la piña en la pizza es una aberración.

11 Rama occidental: lenguas iberorrománicas (español, portugués y catalán) y lenguas galorrománicas (francés y provenzal). Rama oriental: lenguas italorromances (italiano) y lenguas balcorromances (rumano).

15 Curar una herida.

Capítulo 5

2 para colmo, asimismo, igualmente.

3 (a) asimismo e igualmente, (b) asimismo e igualmente, (c) además, (d) además.

4 (b) igualmente, (c) Además, (d) Además.

6 a-III (Asimismo), b-I (igualmente), c-II (para colmo), d-IV (incluso), e-VI (Ni siquiera), f-V (encima).

7 (b) Para colmo,/Encima,/Además, me rompí la muñeca. (c) Igualmente durante la semana tiene mucha vida, pues todas las personas mayores del barrio se reúnen para charlar. (d) Incluso/Además,/Encima, ganó la olimpiada internacional de matemáticas. (e) Para colmo,/Encima,/Además, un niño tuvo que ser hospitalizado.

8 (a-II) estos problemas, (b-IV) estas medidas, (c-I) estas funciones, (d-III) estas recomendaciones.

10 (b) encima/para colmo, (e) encima/para colmo.

11 La princesa: ni siquiera, para colmo, además, por si no fuera bastante, además. El rey: por si esto fuera poco, incluso. La reina: por si no fuera bastante, asimismo.

13 I-d, II-c, III-b, IV-a.

Capítulo 6

2 Oposición: diferentes, distintos, opuestas. Semejanza: parecidas, idénticos, parecido, iguales, misma, idénticos, misma, similares, iguales.

3 (a) parecidas, parecido, distintos; (b) similares, (c) idéntico, (d) idénticos, (e) iguales, (f) idénticos, opuestas.

4 el mismo, los mismos, la misma, el mismo, los mismos, las mismas, el mismo.

5 (b) lo contrario, (c) lo mismo que, (d) lo contrario, (e) lo contrario que, (f) lo contrario que, (g) lo mismo.

6 (a) en cambio y por el contrario, (b) mientras que, (c) por el contrario, (d) por el contrario, en cambio.

7 (a) i-en cambio, ii-por el contrario, (b) i-en cambio, ii-por el contrario, (c) i-por el contrario, ii-en cambio, (d) i-en cambio, ii-por el contrario, (e) i-en cambio, ii-por el contrario.

8 Sugerencias: (b) Mi hijo no para en casa. (c) Ir a trabajar en coche es cómodo. (d) Me molesta bastante el humo del tabaco. (e) El café lo tomo solo.

10 Sugerencias: Los bigotes de los dos ratones son diferentes. El rabo del ratón de la derecha tiene rayas, mientras que el de la izquierda no tiene. Las orejas son distintas, una tiene una raya y la otra no. Los dientes también son diferentes, el ratón de la derecha los tiene más cortos. El queso del ratón de la izquierda tiene seis agujeros; en cambio, el del ratón de la derecha tiene cinco. Los hocicos no son iguales, un ratón lo tiene totalmente negro y el otro no.

11 (a) la historia-(i) parecida, (b) estas sensaciones-(iv) diferentes, (c) esta información-(ii) distinta, (d) Todo esto-(iii) contrasta.

13 Bulldog: establecen buenas relaciones con los dueños, son un poco torpes, intimidan, son tranquilos y pacientes. Chihuahua: establecen buenas relaciones con los dueños, son perros ágiles, no intimidan, son inquietos y con poca paciencia.

14 El sofá y la silla.

Capítulo 7

2 (a) 10; (b) 2; (c) 5.

3 (a) Sin embargo, (b) No obstante, (c) No obstante, (d) Sin embargo/No obstante.

4 (b) lo normal es comprarlo más barato aunque haya que esperar, (c) lo normal es aumentar el gasto público, (d) lo normal es que empiece a tener achaques, (e) lo normal es que tuviera muchas ofertas de trabajo, (f) en general, lo primero que pensaríamos es que ha perdido el brazo.

5 (b) y (e).

6 (b) lo han dejado en libertad, (c) lo han declarado culpable, (d) no se arruinó, (e) sigue vivo después de veinte años.

8 (a) a pesar de y a pesar de que, (b) sin embargo, (c) a pesar de que (d) a pesar de.

9 (b) Marta, (c) Rocío.

10 Sugerencias: (b) haberme gastado/que me he gastado mucho dinero esta semana, (c) no cumplir/que no ha cumplido sus promesas, (d) el mal tiempo/ que ha hecho un tiempo horrible, (e) haberse esforzado/que se ha esforzado.

11 Sugerencias: (b) No ha ido al dentista a pesar de que le duele una muela. (c) La han cogido en el coro pese a que desafina como una bocina. (d) No tiene ningún nieto a pesar de tener siete hijos casados. (e) No tiene ojeras ni parece cansado pese a padecer insomnio.

12 (b) este despiste → (IV), (c) aquellas órdenes → (I), (d) estas creencias → (V), (e) este aumento → (II).

13 Sugerencias: (b) En cualquier caso, puedo volver a examinarme en septiembre. (c) De todos modos, ya tenía que hacerme unas nuevas. (d) De todos modos, voy a celebrar otra fiesta el domingo. (e) De todos modos, la oficina estaba muy lejos de casa.

14 Verdaderos: III, IV.

15 (a) Sin embargo, (b) De todas formas, (c) No obstante, (d) en cualquier caso.

Capítulo 8

2

Palabra clave que conecta causa y consecuencia	Causa	Consecuencia
debido a	envejecimiento de la población	crisis demográfica en España
se debe a	cambios sociales profundos	importante descenso de la natalidad
Como resultado de	incorporación de la mujer en el trabajo y la prolongación de sus estudios	las mujeres tienen su primer hijo más tarde
ocasiona	las mujeres tienen su primer hijo más tarde	se reduce el tiempo del que dispone la mujer para tener sus hijos
han hecho posible	las políticas sociales en otros países	incremento del número de nacimientos
han motivado	factores económicos	difícil situación demográfica del país
Por culpa de	la crisis económica de 2008	el número de inmigrantes descendió
causó	este hecho (el descenso de inmigrantes por la crisis de 2008)	fuerte impacto demográfico
ha contribuido	alta esperanza de vida	envejecimiento de la población
han influido	la dieta mediterránea, el buen sistema sanitario y el cuidado familiar	cifras tan positivas (alta esperanza de vida)

3 Sugerencias: (b) Por culpa de una lesión, no pudo participar en la carrera. (c) Murió por culpa de la equivocación de un médico. (d) Por culpa de la falta de oportunidades, muchos jóvenes se han visto obligados a emigrar. (e) Gracias a los donativos, muchos niños van a ser vacunados.

4 Sugerencias: (b) gracias a un duro entrenamiento. (c) por culpa de un cigarrillo mal apagado. (d) gracias a un enchufe. (e) gracias a los testimonios de un testigo.

6 Sugerencias: (b) Te voy a pedir plaza en la residencia, puesto que ya no puedes valerte por ti mismo. (c)Ya que me debes dinero, paga la cena. (d) Como estoy a dieta, no como pan desde hace meses. (e) No voy a intentar mantener viva la relación con mi pareja, puesto que no muestra interés por arreglar las cosas.

7 Sugerencias: (a-c) Como no va nunca a clase, no comprende las explicaciones, y como no comprende las explicaciones, no va nunca a clase. (b-e) Hay sequía puesto que apenas quedan árboles y ya que apenas quedan árboles, hay sequía (d-f) Como no tiene amigos, no sale mucho y como no sale mucho, no tiene amigos.

8 Sugerencias: (b) Por culpa del calor y de la huelga de recogida de basuras, hay plaga de cucarachas. (c) Has tenido éxito gracias a tu esfuerzo. (e) Por culpa del efecto invernadero, han aumentado las temperaturas.

9 Sugerencias: (b) Esta situación ha causado muchos problemas de salud a los inquilinos. (c) Gracias a este proyecto, se crearán nuevos puestos de trabajo. (d) Debido a estas circunstancias personales, he tardado en publicar mi libro. (e) Este accidente fue provocado por el exceso de velocidad, la lluvia y el mal estado de la carretera.

10 (b) así que, (c) así que, por (lo) tanto y por consiguiente, (d) por (lo) tanto y por consiguiente, (e) por eso.

11 (a-I) Por lo tanto/Por eso, (b-VI) por eso, (c-V) por eso, (d-II) Por eso, (e-IV) Por tanto/Por eso, (f-III) por eso/así que.

12 Sugerencias: (b) Por lo tanto, el paro bajará. (c) por eso asisten muchos alumnos. (d) Por eso, todo el mundo se lo agradece. (e) así que dimitirá.

13 Causas: apuesta en el bingo, no ayuda en casa, se pasa el día viendo la tele o en el bar...

Capítulo 9

2 a-III, b-II, c-I, d-IV.

3 a-II, b-I, c-I, d-I, e-II.

4 Sugerencias: (b) Mañana llega una borrasca. (c) No veo a María desde hace siglos. (d) No me ha cogido el teléfono. (e) Es un chico muy sensato.

5 (a) vamos, (b) Es decir, (c) lo cual significa, (d) vamos, (e) es decir, (f) vaya.

6 Sugerencias: (b) o sea, que tiene que haber algo que no nos han contado, (c) que no lo valoran porque es diferente a los demás, vaya, (d) vamos, que me

sigue a todas partes y hace lo que yo quiero (e) que no se fía, vaya. (f) o sea, que parece que es incapaz de hacer nada malo, pero en realidad es una bruja, (g) Vamos, que está loco.

7 (a) es decir, en otras palabras, o sea, vamos y vaya, (b) o sea, digo, vamos y vaya, (c) digo y mejor dicho, (d) vamos y vaya.

8 (a) mejor dicho, (b) vamos, (c) digo, (d) digo, es decir, (e) vaya

9 Sugerencias: (b) comen de todo. (c) lo he pasado genial. (d) va a hacer buen tiempo. (e) más verduras. (f) podría ser su padre.

10 a-II (en concreto), b-III (por ejemplo), c-IV (En resumen), d-I (En definitiva), e-V (En concreto), f-VI (En resumen).

11 Sugerencias: (b) En concreto, la cantante Shakira ha participado en campañas para promover la educación infantil. (c) En resumen, no está habitable. (d) En definitiva, tiene la dentadura fatal. (e) Por ejemplo, el oso polar podría desaparecer en los próximos 100 años.

12 (a) Total, (b) sin ir más lejos, (c) por ejemplo, (d) En definitiva, (e) En fin.

13 Sugerencias: (b) No me quiere mucho. (c) Me voy a quedar calvo. (d) No es de fiar. (e) La señora es una cotilla.

14 Sugerencias: (b) ayer me compré esta libreta. (c) que no me cundió el día. (d) ha pegado al hijo del vecino. (e) que no me cogieron.

15

Sospechosos	Acusar	Descartar
Antonio		**En definitiva**, nunca llega a casa antes de las cinco.
Dolores	**O sea**, que ha podido ser ella. **Sin ir más lejos**, la encontré el otro día yendo al gimnasio.	**Vamos**, que es imposible que haya subido dos pisos.
Álvaro		**En fin**, que no es capaz de matar una mosca. **Total**, que no pudo ser él.

16

Especificar	Generalizar	Rectificar	Explicar
En particular	Total*	Mejor dicho	Vamos*
En concreto	En definitva	Digo*	Significar (eso significa que...)
Concretamente	En resumen		Querer decir
Por ejemplo			Es decir
Sin ir más lejos*			O sea*
			Vaya*
			Referirse a
			En otras palabras

17 Sugerencias: (b) en concreto, muchos se están yendo a Alemania e Inglaterra. (c) Mejor dicho, no piensa hacer nada. (d) En definitiva, va a ser un caos. (e) O sea, que le han ascendido por enchufe. (f) En general, estará

prohibido fumar en lugares públicos. (g) en particular, con la profesora de español, que es buenísima.

Capítulo 10

2 (a) Esto → este uso → (sugerencia) este abuso → (sugerencia) este abuso generalizado.

3 (b) negativa, (c) positiva, (d) negativa, (e) neutra.

4 Está en contra de su uso generalizado cuando ya existen otras palabras en nuestra lengua que significan lo mismo.

5 (I-D), (II-B), (III-A), (IV-C), (V-E).

6 Parece que está a favor o que, al menos, no le parece un problema grave, pues, según el autor, los extranjerismos "no matan a nadie".

7 Que tuvo que ajustarse a la ortografía y morfología del español.

8 A las palabras a las que han sustituido.

9 Sobre todo, por su precisión.

10 Que algunas palabras van a "morir" por dejar de utilizarse.

11 Sugerencia: Existen dos tipos de anglicismos. Por un lado, están los anglicismos "pacíficos", que son aceptables porque no hay palabras en el español que sean equivalentes; es decir, estos anglicismos son palabras nuevas que cubren un vacío. Por otro lado, están los anglicismos "depreradores" que sí son un problema, pues compiten con otras palabras más precisas que ya tenemos en nuestra lengua y a las que acaban sustituyendo.

12 Por si no fuera bastante/Por si fuera poco.

13 Sugerencia: Cuando se empezó a emplear la palabra "fútbol", no había una palabra en español con ese significado. En cambio, cuando se introdujo *"password"*, había otras palabras del español, como contraseña o clave, que cubrían ese significado. Además, el nombre "fútbol" se ha adaptado al español y ha generado muchas otras palabras relacionadas, como futbolista o futbolero, mientras que *"password"* está menos adaptada y no ha formado palabras relacionadas. Por último, "fútbol" se ha ajustado a la ortografía y pronunciación españolas. "Password", por el contrario, mantiene su ortografía original.

14 Sugerencia: A pesar de que se aportó una palabra alternativa, "balompié", la palabra inglesa "football" pasó a formar parte del vocabulario habitual del español.

15 Sugerencia: Debido a la invasión de anglicismos innecesarios, dejamos de usar las palabras que ya existían en español y perdemos las ideas que estas palabras representaban.

16 Sugerencia: El problema no es que lleguen anglicismos, sino que se rodeen de cadáveres. Es decir, los anglicismos provocan que dejemos de utilizar algunas palabras del español, que, por desuso, desaparecerán.

17 Comprueba que tu respuesta es correcta después de hacer la actividad 19.

18 (a) Cristina, (b) Julia, David y Miguel (c) Carola y Rodrigo, (d) Rosa, (e) Miguel, (f) Carola y Rodrigo, (g) Yolanda, (h) Gonzalo, (i) Carola.

19

Capítulo 1	Yolanda: ese criterio; Rodrigo: ese punto de vista
Capítulo 2	Rosa: Su desaparición
Capítulo 3	Miguel: esto; Yolanda: Todo esto; Carola: eso; Rodrigo: eso
Capítulo 4	Yolanda: Por una parte, por otra
Capítulo 5	Miguel: Por cierto; Gonzalo: otra cosa; Carola: Además
Capítulo 6	David: Lo mismo que Julia, en cambio; Miguel: por el contrario, Gonzalo: diferente, similares
Capítulo 7	Rosa: En cualquier caso; Miguel: No obstante; Paul: Sin embargo
Capítulo 8	Rosa: Así que; Gonzalo: por esa razón; Carola: Por tanto,
Capítulo 9	Julia: Por ejemplo, mejor dicho; Rosa: total; David: por ejemplo; Miguel: en definitiva; Rodrigo: Sin ir más lejos